"十三五"国家重点图书出版规划项目

《医学·教育康复系列》丛书

组织单位

华东师范大学中国言语听觉康复科学与 ICF 应用研究院
华东师范大学康复科学系听力与言语康复学专业
华东师范大学康复科学系教育康复学专业
中国教育技术协会教育康复专业委员会
中国残疾人康复协会语言障碍康复专业委员会
中国优生优育协会儿童脑潜能开发专业委员会

总主编

黄昭鸣

副总主编

杜晓新　孙喜斌　刘巧云

编写委员会

主任委员

黄昭鸣

副主任委员（按姓氏笔画排序）

王　刚　刘巧云　孙喜斌　杜　青　杜　勇　杜晓新
李晓捷　邱卓英　陈文华　徐　蕾　黄鹤年

执行主任委员

卢红云

委员（按姓氏笔画排序）

丁忠冰	万　萍	万　勤	王　刚	王勇丽	尹　岚
尹敏敏	卢红云	刘　杰	许文飞	孙　进	李　岩
李孝洁	杨　影	杨三华	杨闪闪	张　青	张　鹏
张志刚	张畅芯	张奕雯	张梓琴	张联弛	金河庚
周　静	周林灿	赵　航	胡金秀	高晓慧	曹建国
庾晓萌	宿淑华	彭　茜	葛胜男	谭模遥	

"十三五"国家重点图书出版规划项目

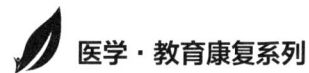

医学·教育康复系列

黄昭鸣　总主编
杜晓新　孙喜斌　刘巧云　副总主编

情绪行为干预实验实训

庾晓萌　李孝洁　谭模遥　著

Experiments and Practices in Intervention of
Emotional and Behavioral Disorders

南京师范大学出版社
NANJING NORMAL UNIVERSITY PRESS

图书在版编目（CIP）数据

情绪行为干预实验实训 / 庾晓萌，李孝洁，谭模遥著. — 南京：南京师范大学出版社，2021.3
（医学·教育康复系列 / 黄昭鸣总主编）
ISBN 978-7-5651-4803-3

Ⅰ. ①情… Ⅱ. ①庾… ②李… ③谭… Ⅲ. ①情绪障碍—儿童—教育康复②行为障碍—儿童—教育康复 Ⅳ. ① G766

中国版本图书馆 CIP 数据核字（2021）第 040574 号

丛 书 名	医学·教育康复系列
总 主 编	黄昭鸣
副总主编	杜晓新　孙喜斌　刘巧云
书　　名	情绪行为干预实验实训
作　　者	庾晓萌　李孝洁　谭模遥
策划编辑	徐　蕾　彭　茜
责任编辑	项雷达
出版发行	南京师范大学出版社
地　　址	江苏省南京市玄武区后宰门西村 9 号（邮编：210016）
电　　话	（025）83598919（总编办）　83598412（营销部）　83373872（邮购部）
网　　址	http://press.njnu.edu.cn
电子信箱	nspzbb@njnu.edu.cn
照　　排	南京凯建文化发展有限公司
印　　刷	南京玉河印刷厂
开　　本	787 毫米 × 1092 毫米　1/16
印　　张	14.5
字　　数	246 千
版　　次	2021 年 3 月第 1 版　2021 年 3 月第 1 次印刷
书　　号	ISBN 978-7-5651-4803-3
定　　价	49.00 元

出版人　张志刚

南京师大版图书若有印装问题请与销售商调换
版权所有　侵权必究

PREFACE

序

回顾我国言语听觉康复、教育康复行业从萌芽到发展的22年历程,作为一名亲历者,此时此刻,我不禁浮想联翩,感慨万千。曾记得,1996年11月,我应邀在美国出席美国言语语言听力协会(ASHA)会议并做主题报告,会后一位新华社驻外记者向我提问:"黄博士,您在美国发明了Dr. Speech言语测量和治疗技术,确实帮助欧洲、巴西、中国香港及一些发展中国家和地区推进了'言语听觉康复'事业的发展,您是否能谈谈我们祖国——中国内地该专业的发展情况?"面对国内媒体人士的热切目光,我竟一时语塞。因为我很清楚,当时,言语听觉康复专业在内地尚处一片空白。没有专家,不代表没有患者;没有专业,不代表没有需要。在此后的数天内,该记者的提问一直在耳畔回响,令我辗转反侧,夜不能寐。

经反复思量,我做出了决定:立即回国,用我所学所长,担当起一个华人学子应有的责任。"明知山有虎,偏向虎山行",哪管他前路漫漫、困难重重。我满怀一腔热忱,坚定报国的决心——穷毕生之力,为祖国言语听觉康复的学科建设,为障碍人群的言语康复、听觉康复、教育康复事业尽自己的一份绵薄之力。

如今,我回国效力已22载,近来,我时常突发奇想:如果能再遇到当年的那位记者,我一定会自豪地告诉他,中国内地的言语听觉康复、教育康复事业已今非昔比,正如雨后春笋般繁茂、茁壮地成长……

20多年的创业,历尽坎坷,饱尝艰辛。但我和我的团队始终怀着"科学有险阻,苦战能过关"的信念,携手奋进,在学科建设、人才培养、科学研究与社会服务、文化传承与创新等方面取得了众多骄人的成绩。2004年,华东师范大学在一级学科教育学下创建了"言语听觉科学专业"。2009年,成立了中国内地第一个言语听觉康复科学系,同年,建立了第一个言语听觉科学教育部重点实验室。2012年9月,教育部、中央编办等五部委联合下发《关于加强特殊教育教师队伍建设的意见》(教师〔2012〕12号),文件提出:"加强特殊教育专业建设,拓宽专业领域,扩大培养规模,满足特殊教育事业发展需要。改革培养模式，积极支持高等师范院校与医学院校合作，促进学科交叉，培养具有复合型知识技能的特殊教育教师、康复类专业技术人才。"经教育部批准，2013年华东师范大学在全国率先成立"教育康复学专业"（教育学类，专业代码040110TK）。

2020年华东师范大学增设"听力与言语康复学专业"（医学类，专业代码101008T），这是华东师范大学开设的首个医学门类本科专业。听力与言语康复学专业旨在通过整合华东师范大学言语听觉科学、教育康复学、认知心理学、生命科学等学科领域的优质师资力量，建设高品质言语语言与听觉康复专业，培养适应我国当代言语语言听觉康复事业发展需要的，能为相关人群提供专业预防、评估、诊断、治疗与康复咨询服务的复合型应用人才，服务"健康中国"战略。

一门新学科的建立与发展，必然面临许多新挑战，这些挑战在理论和临床上都需要我们一起面对和攻克。据2011年全国人口普查数据显示，我国需要进行言语语言康复的人群高达3000多万。听力与言语康复专业立足言语听力障碍人群的实际需求，秉持"医工结合、智慧康复"的原则，紧跟国际健康理念的发展，以世界卫生组织提出的《国际疾病分类》（ICD）和《国际功能、残疾和健康分类》（ICF）理念为基础，构建听力与言语康复评估和治疗标准，为医院康复医学科及临床各科，诸如神经内科、耳鼻咽喉头颈外科、儿科、口腔科等伴随言语语言听力障碍的人群提供规范化的康复治疗服务。最令我感到自豪的是：2013年，我们研究团队申报的"言语听觉障碍儿童康复技术及其示范应用"科研成果，荣获上海市科学技术奖二等奖。

教育康复学专业是我国高等教育改革的产物，它不仅符合当前"健康中国"的发展思路，符合特殊教育实施"医教结合、综合康复"的改革思路，而且符合新形势下康复医学、特殊教育对人才培养的需求。专业的设置有助于发展医疗机构（特别是妇幼保健系统）的康复教育模式，更有助于发展教育机构（特别是学前融合教育机构）的康复治疗模式。2015年，我们研究团队申报的"基于残障儿童综合康复理论的康复云平台的开发与示范应用"科研成果，再次荣获上海市科学技术奖二等奖。

在新学科建设之初，我们就得到各级政府与广大同仁的大力支持。2013年，教育部中国教师发展基金会筹资680万元，资助听力与言语康复学和教育康复学专业建设。本丛书既是听力与言语康复学和教育康复学专业建设的标志性成果，也是华东师范大学、上海中医药大学等研究团队在20多年探索实践与循证研究基础上形成的原创性成果，该成果集学术性、规范性、实践性为一体。丛书编委会与南京师范大学出版社几经磋商，最终确定以"医学·教育康复"这一跨学科的新视野编撰本套丛书。作为"十三五"国家重点图书出版规划项目，本套丛书注重学术创新，体现了较高的学术水平，弥补了"医学·教育康复"领域研究和教学的不足。我相信，丛书的出版对于构建中国特色的"医学·教育康复"学科体系、学术体系、话语体系等具有重要价值。

全套丛书分为三大系列，共22分册。其中："理论基础系列"包括《教育康复学概论》《嗓音治疗学》《儿童构音治疗学》《运动性言语障碍评估与治疗》《儿童语言康复学》《儿童认知功能评估与康复训练》《情绪与行为障碍的干预》《儿童康复听力学》《儿童运动康复学》9分册。该系列以对象群体的生理、病理及心理发展特点为理论基础，分别阐述其在言语、语言、认知、听觉、情绪、运动等功能领域的一般发展规律，系统介绍评估原理、内容、方法和实用的训练策略。

"标准、实验实训系列"为实践应用部分，包括《ICF言语功能评估标准》《综合康复实验》《嗓音治疗实验实训》《儿童构音治疗实验实训》《运动性言语障碍治疗实验实训》《失语症治疗实验实训》《儿童语言治疗实验实训》《普通话儿童语言能力临床分级评估指导》《认知治疗实验实训》《情绪行为干预实验实训》10分册。该系列从宏观上梳理残障群体教育康复中各环节的标准和实验实训问题，为教育工作者和学生的教学、实践提供详细方案，以期为"医学·教育康复"事业的发展拓清道路。该系列经世界卫生组织国际分类家族（WHO-FIC）中国合作中心下的中国言语听觉康复科学与ICF应用研究院授权，基于ICF框架，不仅在理念上而且在实践上都具有创新性。该系列实验实训内容是中国言语康复对标国际，携手全球同行共同发展的标志。

"儿童综合康复系列"为拓展部分，包括《智障儿童教育康复的原理与方法》《听障儿童教育康复的原理与方法》《孤独症儿童教育康复的原理与方法》3分册。该系列选取最普遍、最典型、最具有教育康复潜力的三类残障儿童，根据其各自的特点，整合多项功能评估结果，运用多种策略和方法，对儿童实施协调、系统的干预，以帮助残障儿童实现综合康复的目标。各册以"医教结合、综合康复"理念为指导，注重原理与方法的创新，系统介绍各类残障儿童的特点，以综合的、融合的理念有机处理各功能板块之间的关系，最终系统制订个别化干预计划，并提供相关服务。

在丛书的编写过程中，我们始终秉承"言之有据、操之有物、行之有效"的学科理念，注重理论与实践相结合、康复与教育相结合、典型性与多样性相结合，注重学科分领域的互补性、交叉性、多元性与协同性，力求使丛书具备科学性、规范性、创新性、实操性。

本套丛书不仅可以作为"医学类"听力与言语康复学、康复治疗学等专业的教材，同时也可以作为"教育学类"教育康复学、特殊教育学等专业的教材；既可供听力与言语康复学、康复治疗学、教育康复学、特殊教育学、言语听觉康复技术等专业在读的专科生、本科生、研究生学习使用，也可作为医疗机构和康复机构的康复治疗师、康复医师、康复教师和护士的临床工作指南。本套丛书还可作为言语康复技能认证的参考书，包括构音 ICF-PCT 疗法认证、言语嗓音 ICF-RFT 疗法认证、孤独症儿童 ICF-ESL 疗法认证、失语症 ICF-SLI 疗法认证等。

全体医疗康复和教育康复的同仁，让我们谨记："空谈无益，实干兴教。"希望大家携起手来，脚踏实地，求真务实，为中国康复医学、特殊教育的美好明天贡献力量！

博士（美国华盛顿大学）
华东师范大学中国言语听觉康复科学与 ICF 应用研究院院长
华东师范大学听力与言语康复学专业教授、博导
华东师范大学教育康复学专业教授、博导

2020 年 7 月 28 日

前言

儿童情绪与行为问题的干预是特殊儿童教育与康复实践中的重要工作内容。情绪行为问题不仅仅影响儿童本身，还影响着和孩子互动的每一个人。情绪行为问题首先阻碍了儿童的社会适应，并影响着儿童学习与生活环境中的他人，而对于特殊儿童而言，社会适应越困难，其学习机会也越受限，教育及康复障碍越严重。

本书属于国家"十三五"重点图书出版规划项目"医学·教育康复系列"三大系列之一"标准、实验实训系列"中的一册。"标准、实验实训系列"经世界卫生组织国际分类家族（WHO-FIC）中国合作中心下的中国言语听觉康复科学与ICF应用研究院授权，基于ICF框架，在理念上及实践上创新了儿童情绪行为干预的临床路径。全书共六章，第一章阐述了情绪行为干预的课程理念、思路、实施，以及干预的规范化流程及常用工具。第二章介绍了情绪行为的评估与干预计划制订。第三、四、五章分别叙述了情绪功能、社交行为、生活自理等不同领域的干预情形。第六章提供了情绪行为干预监控表和效果评价表，以供康复师参照使用。全书主要针对康复对象广泛存在的情绪行为障碍，梳理了儿童情绪行为干预中各环节的标准和实验实训问题，为康复师或专业实习教师的实践教学提供详细方案，通过ICF评估和有计划、有系统的情绪行为训练，提升和塑造康复对象良好的情绪与行为管理能力，为他们今后的学习和生活奠定基础。全书致力于帮助广大教育康复工作者掌握儿童情绪行为干预的实践技能，让教育康复工作者能够帮助特殊儿童更好地识别他人情绪、表达及调控自我情绪，并帮助特殊儿童更好地适应环境，使其表现出与社会情境相符的行为。

在本书即将付梓之际，我们不仅感谢《医学·教育康复系列》丛书编委会的帮助与支持，感谢丛书总主编黄昭鸣教授和南京师范大学出版社有关领导、同志对本书出版的重视、支持与厚爱，感谢出版社编辑项雷达老师的大力协助，还感谢各位参与编写及校对的伙伴辛勤的努力，他们是任文聪、李美敏，以及丁忠冰、葛胜男、梁雷雷、马乃吉、谭模遥、宋景、姚权、严方舟、周琪、邹玮等华东师范大学2019届康复科学系的全体硕士研究生同学。

期望本书的出版，对特殊儿童医学·教育康复领域的专业人员、相关专业学生，特殊儿童及其家庭带来帮助。希望每个特殊儿童家庭与其他家庭一样，都能过着幸福快乐的生活。另外，感谢美国泰亿格公司（Tiger DRS, Inc.）对本项目的技术支持；本书中使用的实验设备主要来自于上海慧敏医疗器械有限公司，在此表示特别感谢；感谢上海阿伊屋言语发展中心对ICF情绪参考标准制定的指导；感谢上海小小虎康复科技发展有限公司对本项目的临床实践、临床中试的指导。由于作者水平有限，本书的不当之处，还望有关专家同仁多提宝贵意见！

2020年11月23日

目 录

第一章 绪 论 　　001

第一节　情绪行为干预实验实训概述 　　003
一、情绪行为干预的对象 　　004
二、情绪行为干预课程理念 　　005
三、情绪行为干预课程设计思路 　　006
四、情绪行为干预课程实施 　　007

第二节　情绪行为干预规范化流程 　　012
一、基本信息采集 　　013
二、功能评估 　　013
三、分析诊断，制订干预计划 　　014
四、实施干预计划与干预效果评价 　　015

第三节　情绪行为干预的常用工具 　　016
一、自闭与多动障碍干预仪软件 　　016
二、可视音乐干预仪软件 　　023
三、听觉统合训练仪软件 　　025

第二章 情绪行为评估与干预计划制订 ... 027

第一节 情绪行为功能评估 ... 029
一、儿童综合检查 ... 029
二、儿童情绪行为精准评估 ... 030
三、ICF儿童情绪行为功能评估 ... 038

第二节 情绪行为干预计划制订 ... 042
一、儿童情绪功能干预计划制订 ... 042
二、儿童社交参与干预计划制订 ... 044

第三章 情绪功能干预 ... 047

第一节 情绪识别 ... 049
一、基本情绪识别 ... 049
二、复杂情绪识别 ... 067

第二节 情绪表达 ... 090
一、基本情绪表达 ... 090
二、复杂情绪表达 ... 107

第三节 情绪理解 ... 127
一、情景推理 ... 127
二、归因推理 ... 129

第四节 情绪自我调节 ... 132
一、情绪宣泄 ... 132
二、情绪调控策略 ... 133
三、认知情绪调节 ... 137

第五节 情绪外部调节 ... 140
一、放松训练 ... 140
二、可视音乐干预 ... 143
三、听觉统合训练 ... 151

第四章　社交行为干预

第一节　早期交往技能干预
　　一、礼貌用语　　159
　　二、自我管理　　162
　　三、礼貌行为　　165
　　四、学会做朋友　　168
　　五、学会分享　　170
　　六、学会轮流　　173
　　七、学会倾听　　176
　　八、学会交谈　　178
　　九、学会控制音量　　181
　　十、学会拒绝　　183
　　十一、体谅他人　　185
　　十二、克服困难　　188

第二节　生活情境交往技能干预
　　一、训练目标　　192
　　二、训练内容　　192

第五章　生活自理干预

第一节　生活自理干预目标和原则
　　一、干预目标　　199
　　二、干预原则　　200

第二节　生活自理技能训练
　　一、进食训练　　201
　　二、如厕训练　　204
　　三、穿、脱衣服训练　　208

211	**第六章 情绪行为干预监控**
213	第一节 情绪功能干预短期目标监控
214	第二节 社交参与干预短期目标监控
215	第三节 情绪行为干预效果评价

217	**主要参考文献**

第一章 绪论

情绪行为干预实验实训概述

情绪是个体对外部和内部事物的主观体验，包含生理成分、表情成分、体验成分和认知成分。行为是个体在外部和内部刺激影响下产生的外显与内隐的心理活动，是个体与环境相互作用的结果。情绪和行为是个体适应生存、适应社会生活的重要心理工具。情绪行为障碍是指个体经常表现出与刺激情境不相符合的情绪与行为反应，令他人难以接受或产生困扰，严重影响个体的学习、社会交往及正常生活。

情绪行为干预实验实训主要用于矫治智力障碍、孤独症、注意缺陷多动障碍和情绪行为障碍等康复对象身上表现出的情绪行为障碍，帮助他们发展出恰当的情绪反应能力和行为适应能力。良好的情绪行为能力是康复对象进行其他课程学习、发展生存和社会性技能的基础。本书针对各类特殊儿童中广泛存在的情绪行为障碍，旨在通过精准评估和有计划、有系统的情绪行为训练，提升和塑造康复对象良好的情绪与行为管理能力，为他们今后的学习和生活奠定基础。干预主要采取情绪调节、行为干预和早期语言沟通等方法和手段，以达到帮助康复对象减少负面情绪、改变不良行为、与他人和谐共处、能正常学习和生活的目的。[①]

本书的使用者为康复师，即使用康复设备（指医疗器械分类目录中定义的情绪行为障碍康复设备）及专业工具，对情绪行为障碍者采用定量与定性的综合方法进行评定，制订方案，实施康复训练，跟踪康复效果，并且提供康复咨询与指导的专业人员。

---

① 杜晓新，黄昭鸣．教育康复学导论 [M]．北京：北京大学出版社，2018：178．

一、情绪行为干预的对象

情绪行为干预的对象既包括伴有情绪行为障碍的各类特殊儿童，也包括患有单纯性严重情绪行为障碍的特殊儿童，还包括智力正常、身体健康但表现出各种情绪与行为问题的儿童。

教育康复工作者在开展情绪行为干预时，干预对象的主体是情绪行为障碍儿童或伴随情绪与行为问题的特殊儿童。受到自身障碍的影响，特殊儿童容易表现出多种多样的情绪与行为问题，如听力障碍儿童的自卑情绪或冲动行为、孤独症儿童的退缩情绪或攻击行为、智力障碍儿童的自残或攻击行为等都属于情绪行为问题。除特殊儿童之外，有些普通儿童也可能出现情绪与行为障碍，如注意力缺陷与多动障碍、品行障碍、抽动障碍等。

美国特殊教育领域一项与学业成绩相关的研究显示，大多数鉴定为有情绪与行为障碍的儿童，从小学开始在学业成绩水平上低于同龄儿童一年以上，有些儿童在阅读和数学方面都有明显的学习困难，大部分至少遇到一种确定的学习障碍。多项关于社会技能和人际关系的研究显示，情绪与行为障碍儿童比普通的同龄人更少对他人有同情心，更少参与课程活动，更少与朋友联系，因此也很难建立起高质量的友谊。大多数情绪与行为障碍儿童的智力在通常情况下比普通儿童要低。

情绪与行为障碍的表现形式是多种多样的，从行为表现上可以划分为两个类型：外倾型与内倾型。外倾型的总体表现为攻击、破坏行为，内倾型总体行为特征为孤僻、退缩、抑郁。外倾型情绪与行为障碍通常表现为固执、好斗、爱挑衅，也包括反社会行为，被描述为对抗挑衅型行为障碍，这类儿童上课会出现不遵守纪律、与同学吵架、与家长和教师对抗等情形；内倾型情绪与行为障碍儿童的明显表现是存在社会性退缩、沮丧、自卑和焦虑情绪，甚至有陷入深度抑郁的表现，这类儿童易出现逃避行为，如自怨自艾、抑郁自责、内疚焦虑、自暴自弃等。

二、情绪行为干预课程理念

（一）以"医教结合"思想为指导

情绪行为干预是"医教结合、多重干预"综合康复体系的重要组成部分，其康复内容既涉及儿童的情绪调节、行为干预，又涉及儿童的社会性发展及学习能力发展，康复内容与教育教学有着密切的关系。情绪行为干预的主要对象是儿童，儿童是高速发展中的个体，儿童期的个体具有教育与康复的双重需求，因此在情绪行为干预中，康复师应以"医教结合"为根本指导思想，充分尊重儿童的全人发展需求，既满足儿童的康复需求，又要充分重视其教育需求。

（二）以情绪行为相关理论为依据

本书以生理心理学、行为心理学、认知心理学、社会心理学的相关理论为依据，遵循现代康复医学的要求来实施康复教育和训练。根据生理心理学的理论，通过物理因素等外部刺激来调节情绪行为的生理基础；根据行为心理学的理论，通过塑造、观察学习、强化等策略来促进康复对象情绪管理能力和良好行为能力的发展；根据认知心理学的理论，通过帮助康复对象树立正确的认知观念来矫治不良的情绪行为障碍；根据社会心理学的理论，通过生活与学习等社会环境的调整来促进康复对象良好情绪和社会交往能力的发展。

（三）以情绪管理和行为适应为核心

本书着眼于满足康复对象广泛存在的情绪行为障碍的康复需求，强调课程内容的实用性，以培养康复对象良好的情绪管理能力和行为适应能力为核心，注重课程内容与康复对象实际生活和社会交往的紧密结合，实现课程的生活化、社会化、多元化。

（四）以现代康复技术的运用为特色

本书所介绍的康复对象情绪行为干预手段包含了现代康复技术，如多媒体互动技术、心理放松技术、生物反馈技术、物理生理调节技术（动感视频、可视音乐、脑电诱导等），促进康复对象情绪识别、情绪理解、情绪表达、情绪调节等情绪管理能力和良好行为能力的习得，提升其情绪行为康复的有效性。

（五）以促进康复对象个性化发展为目标

本书尊重康复对象的个体差异，根据康复对象的身心发展特点和生活学习实际，通过 ATM（评估—治疗—监控）操作模式和 ICF（《国际功能、残疾和健康分类》）标准化干预流程，针对不同的康复对象，采用不同的教学方法，因材施教，满足个别化教育的需求，最大限度地矫治康复对象的问题行为并开发其潜能，促进康复对象的个性化发展。

（六）以康复对象阶梯式发展为指引

本书根据康复对象能力阶梯式发展的规律，注重课程内容的阶梯性，以促进康复对象情绪管理能力和适当行为能力的发展，并满足康复对象不同发展阶段个人生活、家庭生活、学校生活和社会生活的现实需求来构建课程体系。

三、情绪行为干预课程设计思路

康复对象的情绪行为障碍主要表现在情绪识别、情绪表达、情绪理解、情绪调节以及行为管理五大方面。本课程依据康复对象的情绪行为发展水平，设计初级和高级阶梯式的情绪行为障碍康复训练架构。在初级阶段，由于康复对象的情绪行为发展水平较低，课程的康复内容着重于康复对象基本情绪的识别、表达、理解、初级调节，以及在家庭、学校和公共场所需要的适应性行为进行康复训练；在高级阶段，由于康复对象的情绪行为发展水平较高，课程的内容则着重于康复对象复杂情绪的识别、表达、理解、高级调节，以及对其家庭、学校和公共场所需要的发展性行为进行康复训练。

（一）课程目标分为总目标和阶段目标

总目标指康复对象完成本课程之后要达到的情绪行为管理水平，阶段目标分别从初级和高级两个阶段阐述了康复对象需要达到的情绪行为管理水平。

（二）课程内容的设计体现阶段性、可操作性

课程内容依据康复对象情绪行为能力的发展顺序，按照由简单到复杂、由初级到高级的方式编排，帮助康复对象逐步发展出恰当的情绪反应和行为适应能力，使其更好地学习、社会交往和适应日常生活。

情绪行为干预训练阶段的内容分项列出，体现由易到难、由低级到高级的阶段性，并且对于每个阶段的目标与内容如训练材料、训练方法、注意事项等，均给出了清晰、明确的康复建议，具有很强的可操作性。

（三）课程实施突出指导性

课程实施部分从康复对象的年龄特点出发，提出训练建议、课程评价的指导性原则和保障课程实施的措施。

四、情绪行为干预课程实施

实施情绪行为干预课程旨在通过情绪识别、情绪表达、情绪理解、情

绪调节、行为管理的训练，增强康复对象的情绪认知和情绪调节能力，帮助他们形成良好行为，消除或减少问题行为，从而提高康复对象的学习、社会交往和生活的质量。

（一）康复训练目标明确、清晰

每一项康复训练的目标要明确、清晰，每次教学不宜有过多的目标。康复师根据训练目标细化学习内容，针对康复对象的具体情况合理安排学习顺序。

（二）康复训练注重规范化操作，保证过程的循序渐进

在情绪行为干预的实践中，针对康复对象的情绪发展水平，干预前应进行"精准评估"与"ICF评估"，依据评估结果制订治疗计划并且实施康复干预，干预中做到实时监控，形成规范化的干预成效管理。"精准评估"是在正式进入训练之前首先对康复对象进行情绪功能、问题行为水平和社交参与情况的评估，以了解康复对象所处的发展阶段和功能水平。"ICF评估"是对康复对象的功能状况做出等级评价，用于指导训练计划制订和最终疗效评价，可以用于康复数据管理和康复质量监控。实时监控是对单次康复训练成效的监控，通过对单次训练前和训练后的功能状况做对比，从而检验训练的效果。

情绪功能干预的初级训练内容包括基本情绪的识别、表达、理解和调节，具体包括识别、表达、理解"高兴""生气""难过"和"害怕"四种基本情绪以及学习外部（动感视频、可视音乐启蒙篇）和内部（初级生理调节和初级行为调节）的基本调控策略，其目的在于让康复对象掌握基本的情绪认知能力，保障其基本生活的顺利进行。高级训练内容包括复杂情绪的识别、表达、理解以及高级调控策略的学习，具体包括识别、表达、理解"惊讶""讨厌"等复杂情绪以及学习外部（放松训练，可视音乐基础篇、提高篇）和内部（高级生理调节和高级行为调节）的基本调控策略，其目的在于让康复对象掌握更高级的情绪认知能力，以提高康复对象的生活、学习和社会交往的质量。

（三）康复训练形式灵活多样

情绪行为康复训练教学内容的选择可根据教学目标、康复对象的年龄特点、康复对象的爱好、当时当地环境等因素进行确定，内容的呈现形式要多样化，可采用真人演示、视频情景模拟、图片示范、录音播放等形式，以增加课堂的趣味性，吸引康复对象的注意，维持康复对象的兴趣。

情绪行为康复训练常见的组织形式有三种：集体康复训练、小组康复训练和个别化康复训练。集体康复训练是在儿童数量较多，儿童之间差异性较小时采用的康复形式，一般人数不少于15人，需家长的共同参与，每课时为30~40分钟。小组康复训练中，高级康复的康复师对训练内容实行多点分配，通过康复设备实时监控训练过程。个别化康复训练的康复师实施一对一的康复训练，是一种高效的康复训练模式。在常规的康复训练之外，康复师可借助康复云平台，以处方作业的形式，帮助家长进行家庭康复训练。在受到时间、地域等因素限制的情况下，还可依托互联网，以远程指导的组织形式，由康复师通过网络对儿童情绪能力进行评估，指导家长对儿童进行康复训练。

情绪行为康复训练的教学方法也是多种多样的，康复师可根据具体的情况，采用小组合作、讲授、情景扮演、主题活动等方法，调动康复对象的积极性，增加课堂的互动，营造在快乐中学习的氛围。

情绪行为康复训练的安排可以根据实际情况进行灵活调整，可以就班级最近经历的情绪事件、正在发生的校园热点、某同学的情绪变动等开展相关情绪模块的主题教学，这种贴近康复对象生活、紧密联系实际的教学，能让康复对象学有所用，并更快更牢固地掌握所学的知识。

（四）康复训练材料丰富有趣

情绪行为康复训练可供选择的素材很多，如自闭与多动障碍干预仪软件、可视音乐干预仪软件、听觉统合训练仪软件、康复云平台中提供的康复训练材料等。

康复内容包含情绪行为筛查问卷、情绪识别、情绪表达、情绪理解等情绪相关的康复训练。情绪识别、情绪表达涉及基本情绪（"高兴""生气""害怕"和"难过")和复杂情绪("骄傲""紧张"等)的康复训练，并且对每一种情绪的识别和表达，都按照梯度来设置训练的步骤和适合的训练形式，以便康复对象可以更好地进行训练，例如识别"高兴"，按照感知"高兴"、体验"高兴"和识别"高兴"三个步骤来进行康复训练。

情绪理解包括情景推理和归因推理两大部分，采用大量的情景资源，康复对象可根据情景来推断场景中的自己和他人的情绪状态，根据他人的情绪状态来选择合适的情景。

情绪调节包括动感视频、可视音乐、放松训练、情绪调节定制以及情绪调控策略等。动感视频通过包含不同颜色、运动速度和深度变化的视频内容给康复对象带来一定的视觉影响，同时结合不同情绪性质的音乐给康复对象带来的听觉影响，诱发个体一定的生理反应，从而导向不同的情绪状态。另外，根据儿童的喜好，设计了四种不同风格类型的动感视频，康复训练时可根据康复对象的个体喜好，选择其偏好的主题风格。放松训练包括呼吸训练、肌肉放松和冥想放松，将心理放松技术和生物反馈技术相结合，以达到调节情绪的目的。可视音乐包括启蒙篇（童趣篇）、基础篇（动漫篇）和提高篇（频谱篇）。启蒙篇采用图片或动画素材，唤起康复对象对现实世界的美好感受；基础篇采用结合艺术手法的动画素材，诱导康复对象对现实世界进行正确认识；提高篇采用具有频谱画面效果的自然风光素材，激发康复对象对待现实世界的理性思维。情绪调节定制可针对康复对象的情绪问题进行个性化方案定制，康复师或家长根据康复对象一周内的情绪表现填写问卷，康复定制系统整合问卷结果并推送情绪调节的资源，康复师或家长登录康复云客户端查看和使用情绪调节的定制内容，进行个性化康复训练。

（五）康复资源开发利用

积极开发并合理利用校内外各种康复资源，充分发挥医院、康复机构和特殊教育学校各类教学设施和实践基地的作用，广泛利用各种互联网资源（如康复云平台），积极使用并开发情绪行为康复资源，丰富训练内容，有利于康复对象对康复内容的理解和康复对象自身的发展。

（六）家长资源利用

情绪行为课程的实施要重视康复师与家长的合作。康复对象在医院、残联、民政、康复中心和特殊教育学校里表现出来的情绪行为问题也可能表现在家庭环境中。不管是对康复对象开展情绪行为评估还是进行情绪行为干预，康复师都应积极寻求康复对象父母等家庭成员的支持，共同开展康复对象情绪行为问题的干预工作。在与家庭的合作中，康复师要理解和尊重家长，尽可能避免误会的发生，并能按照家庭本身的能力指导家长开展儿童情绪行为的教育工作，包括情绪能力的培养、良好行为的引导以及问题行为的矫正。

（七）管理机制

医院、残联、民政、康复中心和特殊教育学校要对每位康复对象做好资料保存、归档的工作，包括康复对象基本信息、初评结果、情绪行为康复训练记录和过程性评估、阶段性评估等重要信息。规范康复对象档案创建和使用，也可和电子档案相结合，方便提取和查找。医院、残联、民政、康复中心和特殊教育学校还应制订情绪行为康复计划，明确情绪行为康复目标，保证医院、残联、民政、康复中心和特殊教育学校康复工作有计划、有步骤、有条不紊地运转。

组织康复师开展针对康复对象情绪行为个别化康复训练的方案研讨、训练示范，及时总结经验，不断提高康复师教育康复技能，保证康复对象接受高质量的康复训练。

第二节　情绪行为干预规范化流程

情绪行为干预必须按照一定的操作流程进行，才能使干预过程有章可循。依据 ICF（《国际功能、残疾和健康分类》）的理念与工作框架，儿童情绪行为干预流程[①]如图 1-2-1 所示。

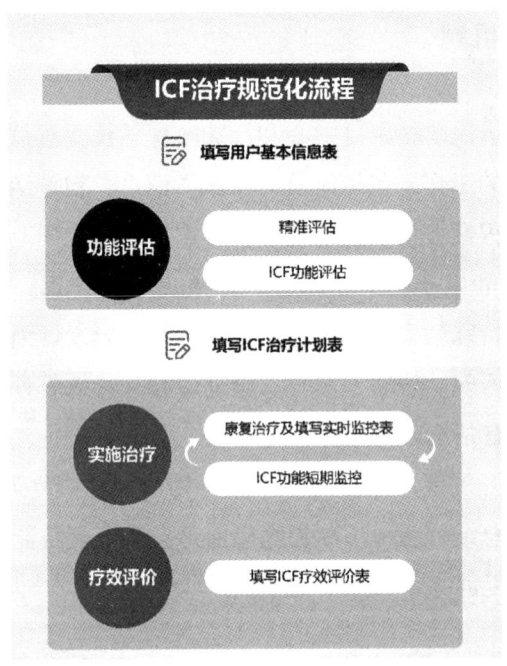

图 1-2-1　ICF 治疗规范化流程

由图 1-2-1 可知，ICF 儿童情绪行为干预规范化流程包括基本信息采

---

① RAUCH A, CIEZA A, STUCKI G. How to apply the International Classification of Functioning, Disability and Health (ICF) for Rehabilitation Management in Clinical Practice [J]. European Journal of Physical and Rehabilitation Medicine, 2008, 44（3）.

集、功能评估、填写ICF治疗计划表、实施治疗、疗效评价几个环节。按照规范化的操作流程展开评估与治疗工作，可以使康复干预的开展有条不紊，使康复流程清晰规范。

一、基本信息采集

评估前，康复师需要尽可能多地通过与儿童、家长的交谈了解儿童的基本信息、临床资料以及儿童、家长的需求，与儿童、父母建立良好的合作关系，以便为后续评估与治疗的开展提供充分的信息。在此环节，应填写个案的基本信息表，采集包括年龄、性别、相关病史，是否接受过康复治疗及治疗情况，有无其他疾病史，言语、语言、认知等的症状，等等。

二、功能评估

情绪行为功能评估旨在科学地运用多种手段从各个方面获得信息，对儿童进行全面、系统和深入的主观描述和客观评价，单独或协同对心理障碍或身心疾病做出诊断，以便制订干预计划、选择矫正方法。情绪行为功能评估通过精准评估和ICF功能评估两个步骤完成，内容包括情绪功能评估、问题行为评估、社交参与评估等三方面。

在评估时首先执行精准评估，精准评估一般采用心理测量法和描述法等对儿童的情绪功能、问题行为和社交参与状况进行评估，评估结束，治疗师填写"儿童情绪功能精准评估表""儿童问题行为精准评估表""儿童社交参与精准评估表"。

其次，执行ICF功能评估。在精准评估的基础上，进行评估结果的ICF功能损伤等级确定，明确儿童的功能损伤情况和损伤的具体功能模块，为后续制订干预计划提供依据。以情绪功能为例，涉及儿童情绪功能的ICF类目主要包含b1520情绪的适度性、b1521情绪调节、b1522情绪范围,如图 1-2-2 所示。

ICF儿童情绪功能评估

身体功能(人体系统的生理功能)损伤程度			无损伤 0	轻度损伤 1	中度损伤 2	重度损伤 3	完全损伤 4	未特指 8	不适用 9
b1520	情绪的适度性	情绪理解	☐	☐	☒	☐	☐	☐	☐
		情绪表达	☐	☐	☐	☐	☒	☐	☐
	信息来源: ☒ 病史 ☒ 问卷调查 ☐ 临床检查 ☐ 医技检查								
	问题描述: 1. 情绪理解得分为2分↓ • 情绪理解功能中度损伤。 • 进一步描述:对不同类型的情绪进行正确识别、对引发不同情绪的原因与情境正确理解的心智功能中度损伤。 • 训练建议:建议对基本情绪的识别与理解进行训练。								
b1521	情绪调节	情绪调节	☐	☐	☒	☐	☐	☐	☐
b1522	情绪范围	情绪表现	☐	☐	☐	☐	☒	☐	☐

图 1-2-2　ICF 儿童情绪功能评估界面

三、分析诊断,制订干预计划

康复师通过前一环节中的评估,在明确儿童在情绪功能、问题行为和社会参与等方面的主要问题以及障碍程度以后,依据其现有的发展水平与能力,确立情绪行为干预的短期、中期与长期目标,并制订具体的干预计划。干预计划制订的要求是:必须具有针对性;必须具体、可行、易监控,内容包括情绪行为干预的主要任务、干预治疗方法、实施计划的人员、治疗前患者的障碍程度、预期目标(短期、中期、长期目标)及治疗后患者所达到的康复程度等。在正确评估与诊断的基础上,严格按计划执行,并按需及时调整,以保证干预计划的顺利实施。

四、实施干预计划与干预效果评价

依据相关干预计划的内容，康复师可有序地实施干预治疗。康复师在实施干预训练时，需要根据儿童的实际情况，将多种治疗方法及康复手段进行有机结合，以便在有效时间内让康复对象得到最有针对性的治疗，获得最佳的康复效果。在情绪行为干预过程中，整个康复干预的进程可以分为初期、中期及末期：康复初期，对儿童进行精准评估，得到儿童情绪功能、社交参与的损伤程度与长期目标值，对儿童的问题行为严重程度做出界定，同时也作为疗效评价初期评估结果；当进行一个阶段的干预后，康复师可对儿童进行情绪功能与社交参与的评估，根据儿童的实际情况决定第几阶段为康复进程的中期，并将该阶段的情绪行为功能评估结果作为患者中期评估的结果，将初期与中期的疗效评价进行对比，根据对比结果，来监控治疗效果、判断目标实现程度，便于康复师对治疗计划及训练目标进行调整；而末期评估则是在患者即将结束所有康复训练时进行的，在康复末期，康复师评价儿童当前情绪功能、问题行为与社交参与表现的整体情况，检验是否实现预期的目标。

在执行干预计划的过程中，定时、定期监控与评估儿童的康复进展情况，可帮助治疗师准确把握康复治疗方向，以作为修改、完善或重新制订后续计划的依据。因此，干预过程中的干预效果评价必不可少；并且，干预效果评价应该包含干预过程不同阶段的结果评价。

第三节 情绪行为干预的常用工具

随着时代发展和科学技术的进步，现代化仪器和设备在儿童尤其是特殊儿童的情绪行为干预中发挥了重要作用。在情绪行为干预过程中，选用合适的情绪行为干预训练工具可使得康复训练的开展更加高效、有序。

一、自闭与多动障碍干预仪软件

自闭与多动障碍干预仪软件是针对自闭与多动障碍儿童的注意力缺陷、语言发育迟缓、语言沟通障碍、情绪与行为障碍等问题开发设计的一款现代化康复设备。该设备采用多媒体手段对康复对象进行心理与行为干预，以整合其脑神经系统的运动，影响其情绪与行为方式，主要包括视听唤醒、情绪调节、行为干预、早期语言沟通等内容，同时，系统还辅以认知支持和量表评估功能，便于康复师对儿童进行全面评估。

自闭与多动障碍干预仪软件选用丰富多彩的素材和常见场景，对儿童进行情绪认知和情绪表达的强化训练。强化训练的具体内容主要包括情绪调节、绘画治疗、减压游戏和行为干预四部分。情绪调节部分利用直接的视听结合的刺激方式，间接调节儿童的情绪，进而缓解或消除负面情绪；绘画治疗部分通过对绘画内容的解读，来分析儿童情绪及心境，从而缓解儿童内心压力，释放其情绪；减压游戏部分利用多媒体技术设计了许多轻松愉快的游戏，将游戏与舒缓的音乐结合起来，增加了趣味性，从而使儿童在轻松愉快的情境中，放松身心，缓解紧张与焦虑的情绪；行为干预部分利用多媒体技术设计了许多饶有趣味的模拟行为教学情景，教育儿童判别什么是适当的行为，使儿童逐步形成良好的习惯。经临床实践证明：自闭与多动障碍干预仪对有情绪和行为障碍的儿童、孤独症儿童、注意缺陷多动障碍儿童、唐氏综合征儿童等的情绪行为问题均有值得肯定的疗效。

（一）适用对象

自闭与多动障碍干预仪软件适用于自闭与多动障碍儿童及其他具有情绪行为障碍的儿童。患有自闭症与多动症的儿童在情绪行为方面都存在一定问题，这给他们的社会生活带来了许多障碍。自闭症也称孤独症，是一类起病于 3 岁前，主要表现为社会交往障碍、沟通障碍，以及局限性、刻板性、重复性行为的心理发育障碍，是广泛性发育障碍中最有代表性的疾病。多动症是注意缺陷与多动障碍的俗称，指发生于儿童时期，与同龄儿童相比，有明显的注意集中困难、注意持续时间短暂、活动过度或冲动等特征的疾病。此外，该软件亦适用于由注意力缺陷、语言发育迟滞、语言沟通障碍等引发的具有情绪与行为障碍的儿童。

（二）软件用途

自闭与多动障碍干预仪软件可用于疏导儿童的不良情绪，帮助儿童形成平和积极的心态；培养儿童建立正确的行为模式，减少攻击性行为；缓解儿童语言沟通障碍，便于沟通交流；改善儿童注意力缺陷状况，增加其对周围环境的认知能力；帮助儿童形成基本的生活自理能力，适应社会生活。

（三）软件内容

自闭与多动障碍干预仪软件可提供视听唤醒、情绪调节、行为干预、早期语言沟通、认知支持、量表评估等各部分内容。

1. 视听唤醒

视听唤醒是根据人眼视觉追踪的原理，遵循事物的发展规律，将视频呈现与音频刺激相结合，利用各种缓慢连续的线条变化，将儿童注意目标逐渐引导到有意义的事物上，提高儿童视听觉注意力。可用于课前热身及情绪安抚，激发儿童的沟通动机。

2. 情绪调节

如图 1-3-1 所示，情绪调节包括情绪诱导、情绪认知、情绪外部调节三部分内容。情绪认知又包含情绪识别、情绪表达、情绪理解和情绪自我调节四个方面；情绪外部调节包含呼吸放松、肌肉放松、冥想放松和情绪宣泄四个方面。

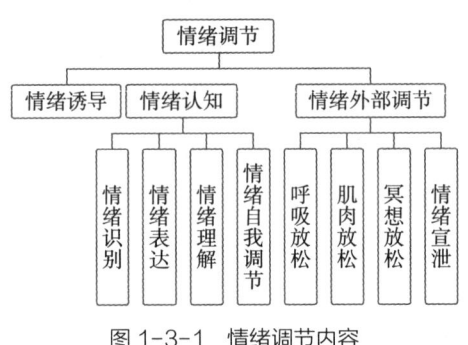

图 1-3-1　情绪调节内容

3. 行为干预

行为干预包括行为矫正、生活自理和交往技能三个部分。

行为矫正主要是通过图片对比的方式，同时呈现正确的行为和错误的行为，让儿童进行选择：儿童选择正确，通过表扬进行强化；儿童选择错误，则示范正确的行为。

生活自理是指个人过有质量的生活所需具备的技能，其中包括生活认知能力和自我照顾技能。提高儿童的生活自理能力是康复训练的主要目标，通过对儿童进行日常生活所需要的基本认知能力以及常见动作的训练，来提高儿童的生活适应能力。"生活行为干预—3D 动画生活认知"通过富有真实感的立体动画，使儿童认识和掌握日常生活中常见的动作，提高儿童的生活适应能力，如图 1-3-2 所示。

图 1-3-2　生活行为干预—3D 动画生活认知

交往技能主要采用社会故事法，以动画的形式向儿童呈现行为引导的内容。社会交往是人生存的一项基本需求。特殊儿童尤其是孤独症儿童，普遍存在不能与人主动交往、模仿力弱、缺乏合作等社交障碍。交往技能训练通过社会故事法、生活情境法、角色扮演法对儿童进行交往技能的行为引导，帮助他们加强人际理解、交流和接纳，提高其社会交往能力；帮助他们加深对日常生活情境的认识，引导他们塑造简单的良好行为和习惯。

4. 早期语言沟通

早期语言沟通包含非语言沟通及语言沟通两部分内容。非语言沟通是一种替代性及扩大性沟通方式，主要采用沟通辅具来完成。沟通辅具能提供多感觉通道的学习，增强仿说能力、触觉记忆能力和听觉理解能力，从而达到引起儿童对语言的兴趣并建立其语言意识的目的。辅助沟通训练主要采用语音沟通板进行。训练内容包括词语、词组、句子和简单会话四个部分。词语部分包含 384 个词语，涉及 21 个不同功能类别，涵盖绝大多数日常高频词汇；词组部分分为 5 种类别；句子部分包含 14 种简单句表达结构；会话内容指在各种生活场景中，应用上述词语、词组、句子进行简单的沟通交流。可开展的训练内容包括词的理解和表达、词组的理解和表达、句子的理解和表达、认知拓展训练和言语训练。

早期语言沟通是通过选取核心词语，采用循序渐进的方式对特殊儿童早期语言的理解、表达、认知能力进行的训练。其主要内容如图1-3-3所示。

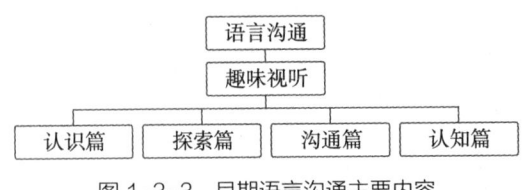

图1-3-3 早期语言沟通主要内容

"趣味视听"通过生动有趣的动画和影片，拓展儿童的生活经验，在生动有趣的情景中呈现名词和动词，为儿童灵活掌握生活中常见词语做好准备。

认识篇帮助儿童认识词语的基本含义，在词语的语音和语义之间建立对应关系。通过呈现物体或动作的典型形象，将词语的基本含义直观地呈现给儿童。训练内容如下：① 初级训练，先学习目标词语，给出提示，在有干扰项的情况下选择目标词语；② 中级训练，先学习目标词语，在没有提示、有干扰项的情况下选择目标词语；③ 高级训练，没有学习，在没有提示、有干扰项的情况下选择目标词语。

探索篇把在认识篇中学过的核心词语放到生活情景中，让儿童探索和发现这些词语所指的对象，帮助儿童加深对核心词语的理解，有助于儿童在生活中运用这些词语；并通过场景模拟解决迁移和再认问题。训练内容如下：① 搜寻名词：在情景中探索和发现核心词语所指的对象；② 搜寻名词和描述：在情景中探索和发现核心词语所指的对象，并描述对象的典型特征；③ 辨别名词：在情景中挑选出所要搜寻的目标词语；④ 辨别描述：根据对核心词语典型特征的描述，找出目标词语。

沟通篇把词语放进句子中，通过人机互动的形式，让儿童自由地运用这些核心词语，并培养儿童的沟通意识，初步感知句子结构。训练内容如下：① 图片匹配：强化复习核心词语，找出与图片中词语相同的目标词语（视觉强化）；② 词语识别：强化复习核心词语，找出语音相同的目标词语（听觉强化）；③ 名词种类：强化复习核心词语，能按种类依次找出目标词语；④ 相互交流：通过点击，能够连词成句并进行简单的表达。

认知篇从物体的功能、特征、分类和匹配四个认知维度加深儿童对词语的理解，解决由认知造成的词语理解和表达的问题。① 功能训练内容包括学习、找功能训练、找物品训练、找功能测试以及找物品测试。

② 特征训练通过学习、训练、测试三种形式开展练习。③ 分类训练包括：学习分类，按类型学习词语，如人体部位包括哪些；上位训练，根据下位概念找上位概念；下位训练，根据上位概念找下位概念；同位训练，找出同一类的词语；上位测试，使用单元测试来检测上位概念学习效果；下位测试，使用单元测试来检测下位概念学习效果；同位测试，使用单元测试来检测同类词的学习效果。④ 匹配训练通过学习、训练、测试三种形式展开训练。匹配学习指的是根据两个事物的关联进行学习。匹配训练指根据一个已知事物推测与之相关联的另一事物。匹配测试指根据单元测试来检测本单元学习效果。

5. 认知支持

认知能力是人们完成心理活动最重要的心理条件，包括注意、观察、记忆、表象、推理与语言等。如图 1-3-4 所示，认知支持主要针对注意力、观察力和记忆力这三大基本认知能力提供训练。

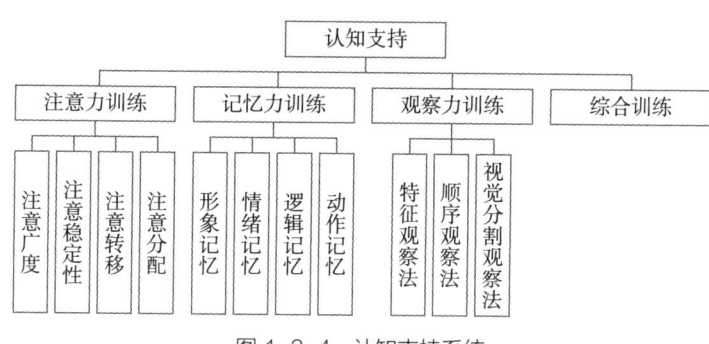

图 1-3-4　认知支持系统

注意力训练的目标是提升注意广度、注意稳定性、注意转移、注意分配能力。注意广度指的是个体同时能注意到的客体的数量；注意稳定性指注意力在一定时间内保持在某个认识的客体或活动上；注意转移指根据任务需要，将注意力从一个活动转移到另一个活动；注意分配指将注意力分配在不同的活动中。以上四个方面均是注意力品质的重要体现。

记忆力训练内容包括形象记忆、情绪记忆、逻辑记忆和动作记忆四个方面。形象记忆指记忆内容为感知过的事物形象，如苹果、电脑等；情绪记忆指对曾体验过的情绪和情感的记忆，如高兴、伤心等；逻辑记忆指以词语为中介的逻辑思维成果，如公式、观点等；动作记忆指操作过的动作、运动、活动，如跳高、走路等。

观察力训练旨在通过训练让儿童掌握观察的方法和策略，包括三种：① 特征观察法：根据事物的细节信息进行观察；② 顺序观察法：根据事物颜色、形状等特征进行观察；③ 视觉分割观察法：将事物划分为若干部分，分别进行观察比较，一般用于被观察对象复杂无序的情形。

综合训练通过游戏系统地训练儿童的注意力、记忆力和观察力。

6. 量表评估

为了更加确切地掌握儿童个体现状，以及对儿童康复训练情况进行效果监测，可使用量表进行定期评估。系统内置了四种评估内容：孤独症评估、多动症评估、词语行为评估和情绪与行为专项筛查。

孤独症评估主要是通过 ABC 量表进行，该量表属于家长评定量表，共 57 个项目，项目内容包括感觉能力、交往能力、运动能力、语言能力和自我照顾能力五个方面。总分 31 分为孤独症筛查界限分，总分 53 分作为孤独症诊断界限分（参考值）。

多动症评估采用 Conners 教师量表（TRS）进行。该量表共有 28 个项目，从品行问题、多动、注意力不集中—被动三个维度进行因子分析，采用 0—3 四级计分法。当 TRS 简明症状问卷（即多动指数）>1.5 时，儿童有患多动症的可能性。

词语行为评估主要是从词语、词组、句子和短文等方面评估儿童的语言理解能力。词语：40 个题目，五级词汇测试；词组：40 个题目，五大类词组测试；句子：16 个题目，四大类句子测试；短文：4 篇短文，16 个题目。

情绪与行为专项筛查用于测定儿童的情绪状态和行为水平。共 55 个项目，从人际关系、情绪、行为和其他方面进行考查，采用 0—4 五级计分法。

二、可视音乐干预仪软件

可视音乐干预仪软件是用于儿童情绪干预的专业康复软件。该软件综合运用音乐治疗、视交叉原理、脑电波诱导技术、虚拟现实技术等，通过仪器与设备，将音乐、图片、动态画面以及灯光效果有机组合起来，并根据相应的评估结果，开具不同性质的音乐治疗处方，施以渐进性的音乐干预，从而最大限度地激发儿童的正性情绪，缓解儿童的紧张情绪，提升儿童的情绪稳定性。

（一）适用对象

可视音乐干预仪软件适用于情绪与行为障碍儿童，以及患有孤独症、有注意力缺陷与多动障碍等伴发情绪问题行为的儿童。

（二）软件用途

可视音乐干预仪软件主要通过音乐、灯光等元素，对儿童情绪状态进行调节和干预。该软件将视觉和听觉系统有机结合，使音色、旋律、节奏、色彩、形状不断变幻，通过多重感官，起到唤醒、催进、激励、抚慰、宣泄等心理作用。可视音乐干预选用音乐、画面、灯光三种治疗素材，其中，音乐素材可以分为正性音乐、中性音乐、负性音乐，画面素材包括真实画面和虚拟画面，灯光素材包括红色光、绿色光和蓝色光三种。不同治疗素材的组合，可以起到多感官刺激、综合干预的作用，从而影响儿童的生理和心理，进而对儿童的情绪障碍起到矫治作用。

（三）软件内容

可视音乐干预仪软件通过脑电波诱导技术、数字信号处理技术、声控动画诱导技术进行情绪干预。软件主要通过实物画面、效果画面双显示技术呈现视觉干预素材，并选用正性、中性、负性音乐，嵌入 α、β、γ 波，与马赛克、灰度、底片等画面效果相配合，最终通过音乐、灯光、图像、动画等多重刺激复合干预的方式诱导出情绪障碍儿童的期望脑电波状态，改善其情绪表现。其共包括四部分干预内容。

1. 童趣篇

童趣篇包含11个主题，即宠物进行曲、唤醒交响曲、聪明小画家、玩具小天地、四季之歌、动物世家、欢乐小乐队、大千世界、野生动物园、欢乐圣诞节、立体卡通。每一主题内容轻松愉快，将丰富的动画和美妙的音乐结合在一起，视觉素材采用大量的图片和动画，听觉素材采用自然声和用各种乐器演奏出的风格迥异的乐曲。屏幕画面有速写、镜像、卡通、虚幻四种形式可供选择。儿童在趣味十足的视听欣赏中，不仅缓解、宣泄了紧张的情绪，同时增长了知识、开发了智力。

2. 频谱篇

频谱篇包含8个主题的自然风光，即阿拉斯加风光、大沙海滩、海底世界、维瓦尔第的四季、峡谷探幽、灵魂的奥秘、探险旅程、黄石公园。在视听频谱篇中，根据正性、中性、负性三种音乐性质，将相应的动态视听素材配以频谱画面。频谱画面是通过傅立叶变换，将音乐的时间域信号转换成频率域信号，并用不同颜色代表不同的频谱能量。例如，在高音为主的音乐中，声音中的高频比例高，频谱画面就会显示出代表高频的颜色（如红色）增高。通过动态视听画面与频谱画面的完美结合，儿童可以更加充分地感受到音乐的起伏变化，从而引起情绪的变化，按照音乐处方的预期，实现从消极负性情绪向积极正性情绪的转化。

3. 动漫篇

动漫篇包含4个主题，即动画世界、卡通天地、动漫乐园、花之旋律。界面以动画为主体，具象与抽象相结合，并配以具有代表性的古典音乐，帮助儿童在视觉的辅助下，更深入地体验音乐、理解音乐，从而抚慰儿童的心灵，调整他们的情绪。

4. 联想视听篇

联想视听篇的视听素材由中国音乐和外国音乐组成。外国音乐包括 4 个主题，中国音乐有 2 个主题。每一主题音乐给人以不同的感受，有的有助于舒缓情绪，释放压力；有的有助于转换情绪，体验情绪变化；有的有助于放松心情、缓解忧郁。儿童在欣赏音乐的同时，被激发起无限的遐想，产生生动鲜明的形象联结，从而有了愉悦的心情与奋发向上的心态。

三、听觉统合训练仪软件

听觉统合训练仪软件主要用于存在情绪行为问题、孤独症、注意力缺陷与多动障碍儿童的听觉反应异常治疗。当声音信号通过听觉器官的神经纤维传导至丘脑和大脑皮质系统，音乐中的音高、音强、音色这些基本元素能够作用于丘脑等皮下结构，使大脑机体产生自主反应。

（一）适用对象

听觉统合训练仪软件适用于存在听觉反应异常以及听处理障碍的儿童，障碍类型包括但不仅限于情绪行为问题、孤独症、注意力缺陷与多动障碍等。

（二）软件用途

听觉统合训练仪软件通过让使用者聆听各种频率组合的音乐，刺激使用者的耳内肌、前庭、感音神经及负责听觉的中枢神经，使他们逐渐学会倾听，调节他们紊乱的神经系统，最终达到改善使用者的不良行为、让使用者保持情绪稳定的目的。

(三)软件内容

听觉统合训练仪软件的主要内容包括以下四个方面。

1. 情绪行为干预

通过聆听经过滤波处理的音乐声来刺激相关的听神经,活跃儿童的听神经,提高儿童的听觉注意力;刺激耳部神经和大脑,平抚儿童的焦虑感,从而有效地抑制其不良情绪和不良心境的产生。同时,当音乐与儿童的精神节律同步,与儿童的情绪产生共鸣后,可逐渐变换音乐色彩情绪,将外倾型障碍的激奋情绪转化为轻松愉快的情绪,将内倾型的哀伤情绪转化为平和舒展的情绪。

2. 听觉脱敏训练

借助滤波和吸频功能,针对性地过滤掉引发儿童听觉过敏的频段,逐步帮助儿童消退过敏频段,实现脱敏。

3. 双耳平衡训练

通过聆听一组左右声道不断交互变换频率、强度的音乐来矫正儿童听觉系统对声音处理的失调现象,训练儿童听觉中枢的平衡和融合能力。

4. 脑电波诱导音乐

通过聆听经过特殊处理的音乐,诱导出儿童不同频率的脑电波,对其情绪加以调控,以达到激发灵感、增强记忆以及舒缓压力的目的。

第二章

情绪行为评估与干预计划制订

教学课件

情绪行为评估与干预计划制订

对情绪行为障碍儿童进行评估和诊断是情绪行为干预过程中的基础环节。在评估与诊断中需要注意：由于儿童生长发育较快，情绪和行为的发展还不稳定，更容易受到环境变化的影响，且普通儿童在成长过程中也会发生一些情绪和行为问题，因此如何将普通儿童的表现与情绪障碍儿童区分开来便显得十分重要。所以，在开始评估之前，我们要多方面搜集相关资料，全面、细致地了解与掌握儿童的基本情况，评估时既要采用科学的评价工具，也要采纳教师、家长的评价，即采用定量和定性评估相结合、纵向和横向比较相结合的综合评估方法。本章将对儿童情绪行为评估的内容及方法，以及由儿童情绪行为评估而制订的干预计划加以阐述。

第一节 情绪行为功能评估

评估是情绪行为干预实施中的重要一环。

开展前期评估的目的在于了解康复对象情绪认知的能力、良好行为以及问题行为的表现情况。训练评价应以康复对象在真实场景中的情绪和行为为标准；针对康复对象的实际情况，制订出有效的个性化康复方案；在训练过程中进行实时监控，实时监控有助于康复师在训练过程中根据康复对象的情绪行为康复表现及时修改和制订相应的康复计划。终结性评价有助于分析一个阶段采取的干预举措是否有效或存在哪些不足，从而为康复师下一阶段制定情绪行为的康复目标和采取相应的干预举措提供反馈信息。

对个别康复对象情绪行为干预的评价，应强调相对评价，以前期评估中康复对象的情绪或行为表现为基线确定情绪或行为干预的目标，并对其目标实现状况进行评价；应重视过程中的动态评价，做好干预过程中情绪或行为的观察记录工作，有效监控康复对象的情绪或行为变化，及时调整情绪或行为干预计划；应采用多样化的评价方法，有效收集来自家长、康复师等对康复对象情绪行为表现的意见，结合情绪或行为观察结果，确定情绪或行为干预计划的实施效果。评价过程中应注重前期功能评估、实时监控以及终结性评价。

一、儿童综合检查

综合检查是儿童综合康复诊疗流程中的重要环节，可根据各类康复对象的障碍类型及程度，分成言语嗓音、构音语音、早期语言、认知能力等康复小组，以便实施更为精准的评估，继而为其提供针对性的、科学的康复训练。

综合检查主要通过问卷调查对儿童的多方面功能进行综合能力评估，以综合康复的七大板块（言语、听觉、语言、认知、情绪行为、运动、社会适应）作为理论支撑，参考各项能力发展顺序、已有相关量表、康复顺序及各类障碍儿童特点，通过层次分明、简单易懂的问题，使家长或康复师能快速了解障碍儿童的康复需求，找出其各个能力所处层级，为进一步的专项评估服务。

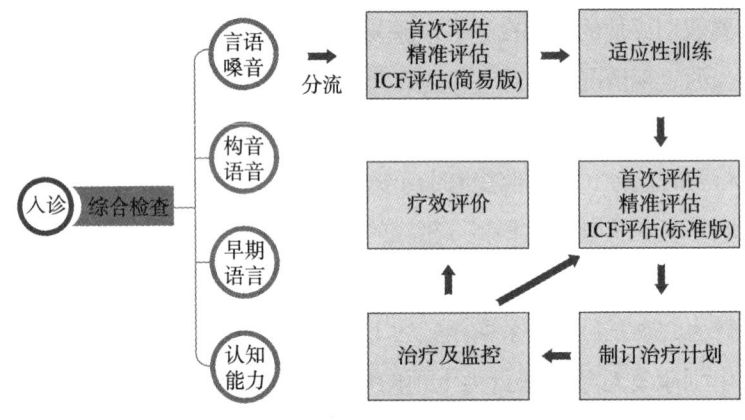

图2-1-1 儿童综合检查流程

依据综合检查的结果，康复师可以根据康复对象的筛查结果和障碍类型，优先推荐康复训练的板块和训练建议，若被检查儿童情绪行为障碍较严重，或存在社会适应方面的障碍，综合筛查报告单将优先推送情绪问题、行为问题及社会适应方面的进一步精准评估及康复建议。

二、儿童情绪行为精准评估

情绪行为问题评估主要考察以特殊儿童为主体的对象在情绪和行为方面存在的问题，并了解这些问题的严重程度。情绪行为问题评估主要通过主观评估的形式进行。主观评估可采用精准评估的问卷进行，分为三个分测验，分别包括情绪功能精准评估、问题行为评估和社交参与评估。

儿童情绪行为精准评估系列问卷，是为了筛查以特殊儿童为主体的测验对象在情绪或行为方面存在的问题，以及在社交参与中的表现情况，并通过了解这些问题的严重程度，为教学和康复辅导提供建议。根据特殊儿童常见情绪行为问题特征，开展简单易行的情绪行为问题评估，用时简短，易于筛查儿童是否存在情绪行为问题。

评估的第一步是收集儿童姓名、出生日期、性别、障碍类型等基本信息。以表2-1-1所示的个案情况为例：轩轩，出生日期是2015年5月3日，男孩，发育迟缓儿童，以口语为主要交流方式，听力状况正常。言语方面，说话音调偏高、缺乏抑扬顿挫；构音清晰度未见异常。语言方面，理解能力正常，日常生活以口语表达为主，有刻板性语言。认知能力方面，基本认知能力尚可。

表2-1-1 儿童基本信息表填表示例

患者基本信息
姓　名*　<u>轩　轩</u>　　出生日期*　<u>2015年5月3日</u>　　性别：☑男　□女
检查者　<u>康××</u>　　评估日期*　<u>2019年6月3日</u>　　编号*　<u>　007　</u>
类型：□智障　□听障　□脑瘫　□孤独症　☑发育迟缓 　　　□失语症　□神经性言语障碍（构音障碍） 　　　□言语失用症　□其他
主要交流方式：☑口语　□图片　□肢体动作　□基本无交流
听力状况：☑正常　□异常　听力设备：□人工耳蜗　□助听器
进食状况：<u>喜欢凉的食物。</u>
言语、语言、认知状况：<u>言语方面：说话音调偏高、缺乏抑扬顿挫；构音清晰度未见异常。语言方面：理解能力正常，日常生活以口语表达为主，有刻板性语言。认知能力方面：基本认知能力尚可。</u>
口部触觉感知状况：<u>未见异常。</u>

填写表格时应注意规范性，完整填写表格，未能填写项保持空白。必须填写带*的项目：姓名、出生日期、评估日期、编号。带"□"的标记以"☑"标记为准。基本信息登记完毕，接下来可以分别开展情绪功能、问题行为、社交参与的精准评估，具体示例见以表2-1-2、表2-1-3、表2-1-4。

表 2-1-2　儿童情绪功能精准评估表填表示例

领域	项目	题号	题目（第一部分）	从来不 0	几乎不 1	有时 2	经常 3	总是 4	项目得分
情绪理解	基本情绪	1	能够察觉身边人的情绪（当身边人生气与高兴时，会有不同的行为表现）				√		3
	复杂情绪	2	能够表现出复杂情绪，如内疚、骄傲、沮丧、同情等（如对别人造成伤害时，儿童表现出不安与难过）			√			2
	原因理解	3	当身边人表现出某种情绪时，能够根据明显的线索推测是什么原因引起了该情绪（如知道身边人为什么生气或高兴）					√	4
	情景理解	4	能够根据情境推测出会引发的情绪（如把家里弄脏后，知道妈妈会生气）				√		3
情绪表达	初级表达	5	能通过面部表情、身体姿态和语调表达自己的情绪			√			2
	高级表达	6	能通过语言明确表达自己的情绪（包括口语和手语）				√		3
	灵活表达	7	能调整情绪表达的方式与强度，使之符合相应的场合（如在街上生气时，能适当控制自己，不会大喊大叫）			√			2
	综合应用	8	能根据他人的情绪而调整自己的行为（如他人伤心时，儿童会去安慰；他人高兴了，儿童也会感到高兴等）			√			2

领域	项目	题号	题目（第一部分）	从来不 4	几乎不 3	有时 2	经常 1	总是 0	项目得分
情绪调节	持续性	1	难以控制自己的情绪，兴奋起来或者哭起来就会持续很久			√			2
	稳定性	2	无缘由地情绪波动大，喜怒无常		√				3

续表

领域	项目	题号	题目 （第一部分）	从来不 4	几乎不 3	有时 2	经常 1	总是 0	项目得分
情绪表现	焦虑	3	容易激惹，发脾气，易哭闹			√			2
		4	过于担心学业失败或者交友遭到拒绝				√		1
	特定恐惧	5	害怕某些动物、情境、地方、物品等，以致影响正常生活			√			2
	抑郁	6	对活动和学习没有兴趣，懒洋洋，无精打采，难以完成活动或学习任务				√		1
		7	害怕批评，自我评价低				√		1
		8	有自杀的想法、语言或行为	√					4
		9	食欲不振，睡眠少或睡眠质量差		√				3
	社交恐惧	10	和陌生人（包括同辈）交往时不自在，有焦虑感，存在社交回避行为			√			2
	选择性缄默	11	在学校等某些场合缄默不语或声音非常低微，但在其他场合言语正常		√				3

领域	情绪理解 （总16分）	情绪表达 （总16分）	情绪调节 （总8分）	情绪表现 （总36分）
分数	12	9	5	19

结果分析与建议：
一、情绪理解：12 分
　1. 能够识别他人表达出的基本情绪
　2. 能够体验到复杂的情绪
　3. 能够理解情绪产生的原因
　4. 能够根据情境推测当事人会产生的情绪
二、情绪表达：9 分
　1. 能够通过初级方式表达情绪
　2. 能够通过高级方式表达情绪
　3. 能够根据情境要求调整情绪表达方式
　4. 能够综合应用情绪理解和情绪表达
三、情绪调节：5 分
　没有明显的情绪调节问题
四、情绪表现：19 分
　1. 有焦虑情绪存在
　2. 不存在明显的恐惧表现
　3. 不存在明显的抑郁情绪
　4. 社会交往情绪正常，没有恐惧的表现
　5. 没有选择性缄默表现

"儿童情绪功能精准评估表"主要用于测定康复对象的情绪状态与行为水平。评估时,康复师可直接填写纸质版"儿童情绪功能精准评估表"进行评估或者采用康复云筛查安置的"情绪行为"测试进行评估。问卷中的题目描述了情绪状态的能力和表现,填写时,康复师应认真阅读每个条目,然后根据儿童过去两个月的实际情况,在相应的条目下打钩,并计算各项目的得分。(注:从来不,表示发生率为0;几乎不,表示发生率为25%左右;有时,表示发生率为50%左右;经常,表示发生率为75%左右;总是,表示发生率为100%。)

由评估结果可知,该儿童能够识别他人表达出的基本情绪,能够体验到复杂的情绪并理解情绪产生的原因,能够根据情境推测当事人会产生的情绪。在情绪表达方面,能够较好地表达情绪,也可以根据情境要求调整情绪表达方式,具备综合应用情绪理解和情绪表达的能力。在情绪调节方面,该儿童没有明显的情绪调节问题。在情绪表现上,有焦虑情绪存在。因此,建议其先利用情绪与行为干预仪中的情绪内部调控部分进行情绪认知能力的干预,再结合可视音乐干预和情绪调节定制系统以及情绪与行为干预仪中的动感视频进行情绪外部调节,接下来继续进行问题行为的精准评估。

表 2-1-3 儿童问题行为精准评估表填表示例

项目		题号	题目	得分					项目得分
				从来不 4	几乎不 3	有时 2	经常 1	总是 0	
分心多动	注意力	1	在任务或游戏中,难以持续集中注意力,易受到外来刺激影响而分心	√					4
	多动	2	坐不住,离开座位或者坐在非预期的地方	√					8
		3	四处跑动或攀爬,难以安静地从事某项活动或游戏	√					
	冲动	4	轮流等待困难,在谈话或游戏中打断别人或插队		√				6
		5	在游戏或活动中,不经思考就抢答或执行指令		√				

续表

项目	题号	题目	得分					项目得分
			从来不 4	几乎不 3	有时 2	经常 1	总是 0	
自伤行为	6	对自己的身体做出直接伤害行为，如咬手、打自己、撞头等	√					4
攻击破坏	7	打架斗殴，反复出现攻击行为	√					16
	8	用语言攻击他人，如咒骂、侮辱等	√					
	9	有虐待小动物的行为，并且不以为意	√					
	10	缺乏纪律意识，损害公物	√					
叛逆行为	11	与父母或老师长期处于对抗状态	√					12
	12	拒绝、拖延完成指定的任务（因不知道答案无法完成的情况除外）	√					
	13	执意做他人禁止或劝解的事情	√					
违纪行为	14	为了达到某种目的而说谎	√					14
	15	捉弄或陷害他人	√					
	16	未告知的情况下拿走或丢掉别人的东西	√					
	17	在需要安静的场合大声说话、吵闹、叫喊等			√			
刻板行为	18	出现不由自主的动作抽动或者声音，如频繁眨眼、耸肩、发出嘶嘶声、重复说某一个词语等	√					14
	19	坚持按照一定的程序做事，如坚持把东西摆放在固定的位置上，坚持走同一条路线上学				√		
	20	有反复的、刻板的运动，如摇摆身体、摇摆头、旋转身体、开关门等			√			
	21	不分场合地随意脱掉衣服鞋袜		√				
	22	无故傻笑，自言自语，学别人说话				√		
	23	玩弄口水或大小便			√			

续表

项目	题号	题目	得分 从来不 4	得分 几乎不 3	得分 有时 2	得分 经常 1	得分 总是 0	项目得分
躯体化	24	感到易疲劳，有肌肉紧张感		√				14
	25	不明原因的身体不适，如恶心、疼痛、呼吸困难等		√				
	26	有排泄问题，如遗尿或遗便	√					
	27	有饮食问题，如厌食、暴饮暴食、过度偏食、吃不可吃的食物、自我催吐等	√					

领域	分心多动（总20分）			自伤行为（总4分）	攻击破坏（总16分）	叛逆行为（总12分）	违纪行为（总16分）	刻板行为（总24分）	躯体化（总16分）
	注意力	多动	冲动						
分数	18			4	16	12	14	14	14
	4	8	6						

结果分析与建议：
一、分心多动：18分，注意力整体水平良好
　　1.注意力：4分，注意力处在正常范围内
　　2.多动：8分，动作适量，没有明显的多动问题
　　3.冲动：6分，行为节制，没有明显的冲动问题
二、自伤行为：4分，没有明显的自伤行为
三、攻击破坏：16分，没有明显的攻击破坏行为
四、叛逆行为：12分，没有明显的叛逆行为
五、违纪行为：12分，没有明显的违纪行为
六、刻板行为：14分，没有明显的刻板行为
七、躯体化：14分，躯体化问题表现不明显

"儿童问题行为精准评估表"主要用于测定康复对象的情绪状态与行为水平。评估时，康复师可直接填写纸质版"儿童问题行为精准评估表"进行评估或者采用康复云筛查安置的"情绪行为"测试的问题行为部分题目进行评估。问卷中的题目描述了问题行为的表现情况，填写时，康复师应认真阅读下面的每个条目，然后根据儿童过去两个月的实际情况，在相应的条目下打钩，并计算各项目的得分。（注：从来不，表示发生率为0；

几乎不，表示发生率为 25% 左右；有时，表示发生率为 50% 左右；经常，表示发生率为 75% 左右；总是，表示发生率为 100%。）

表 2-1-3 分别评定了儿童在分心多动、自伤行为、攻击破坏、叛逆行为、违纪行为、刻板行为、躯体化等方面的表现情况，根据评估结果可知，该儿童在行为问题方面障碍程度较低，未表现出突出的异常行为。下一步为儿童社交参与精准评估。

表 2-1-4 儿童社交参与精准评估表填表示例

项目	题号	题目	从来不 0	几乎不 1	有时 2	经常 3	总是 4	项目得分
亲子关系	1	和父母经常有拥抱/牵手等身体接触			√			4
	2	当有事情发生或者身体不适时，会向父母寻求帮助和安慰			√			
同伴关系	3	遭受同伴排挤，被别人议论或愚弄			√			4
	4	无法在与同伴的互动游戏（如过家家等）中担任一定的角色、合作完成游戏			√			
师生关系	5	同多个老师发生过冲突						不适用
	6	同老师的互动很少，对老师的要求不予理睬						
领域	亲子关系（总8分）		同伴关系（总8分）			师生关系（总8分）		
分数	4		4			—		

结果分析与建议：
一、亲子关系：4 分，亲子关系正常建立
二、同伴关系：4 分，同伴关系正常建立
三、师生关系：不适用，尚未建立师生关系

"儿童社交参与精准评估表"主要用于测定康复对象的社交参与水平。评估时，康复师可直接填写纸质版"儿童社交参与精准评估表"进行评估或者采用康复云筛查安置的"情绪行为"测试中的社交人际关系部分题目进行评估。问卷中的题目描述了个体社交参与的能力和表现，填写时，康复师应认真阅读下面的每个条目，根据儿童过去两个月的实际情况，在相应的条目下打钩，并计算各项目的得分。（注：从来不，表示发生率为 0；几乎不，表示发生率为 25% 左右；有时，表示发生率为 50% 左右；经常，表示发生率为 75% 左右；总是，表示发生率为 100%。）

根据评估结果可知，该儿童在亲子关系、同伴关系方面均显示正常。

三、ICF 儿童情绪行为功能评估

《国际功能、残疾和健康分类》（*International Classification of Functioning, Disability and Health*，ICF）由世界卫生组织（WHO）于 2001 年正式颁布。ICF 从身体结构（body structures）、身体功能（body functions）、活动和参与（activities and participation）、环境因素（environmental factors）以及个人因素（personal factors）等领域，分类和评估功能、残疾和健康状况。ICF 的制定旨在为认识和研究健康和与健康有关的状况、结局以及它们的决定性因素提供科学基础；为促进交流提供共同的语言；对不同国家、不同卫生保健学科领域、不同服务及不同时间的数据进行比较；为卫生信息系统提供一种系统的编码程序，其总目标是要提供一种统一、标准化的语言和框架来描述健康状况和与健康有关的其他状况。ICF 关注的是环境与功能，其理论和方法在康复领域得到了广泛应用。在临床实践中，目前根据 ICF 分类框架已建立了经研究认证的核心分类组合，包括脑瘫、孤独症等 31 种疾病的全套和简要 ICF 核心分类组合，对康复临床功能描述与评定具有非常重要的意义。

（一）基于 ICF 的情绪功能评估

情绪功能是指察觉、理解自己与他人的情绪，并且在此基础上适当表达、调节和控制，以帮助自己应对挑战、实现目标以及有效参与社会互动的适应性情绪反应。诸多研究认为多类特殊儿童伴有情绪处理问题，包括情绪受损、情绪调节和情绪感知障碍，并可能对社会交往和参与的许多方面产生不利影响。依据 ICF 的定义，"参与"指的是一个人在生活情况下的表现，包括其社交网络的规模和对社交接触的满足程度。由于某些功能障碍，特殊儿童的社交网络狭窄，社交参与度较普通儿童而言明显较低，这不能仅仅用身体损伤导致的活动受限来解释。本部分所介绍的基于 ICF 框架的儿童情绪行为功能评估，主要针对特殊儿童的情绪功能、社交参与状况做出综合评估，并给出干预建议，以帮助特殊儿童改善情绪功能，增进社交参与，并激发其康复潜力。

ICF 框架下的儿童情绪功能评估主要是对儿童的情绪能力进行全面而细致的评估，帮助康复师、特教教师和家长全面了解儿童的情绪功能水平，确定儿童处于哪一阶段，为后续的干预训练提供训练起点。评估类目包括 b1520 情绪的适度性、b1521 情绪调节、b1522 情绪范围。精准评估后，将评估结果依据对应的 ICF 类目进行限定值的转换，以界定其功能损伤等级及参与困难程度。转换可采用康复云平台中的 ICF 转换功能，来获得儿童的情绪功能损伤信息。

表 2-1-5　ICF 儿童情绪功能评估表示例

身体功能（人体系统的生理功能）损伤程度			无损伤	轻度损伤	中度损伤	重度损伤	完全损伤	未特指	不适用
			0	1	2	3	4	8	9
b1520	情绪的适度性	情绪理解	☑	☐	☐	☐	☐	☐	☐
		情绪表达	☑	☐	☐	☐	☐	☐	☐
b1521	情绪调节	情绪调节	☐	☑	☐	☐	☐	☐	☐
b1522	情绪范围	情绪表现	☐	☑	☐	☐	☐	☐	☐

信息来源：☐ 病史　☑ 问卷调查　☐ 临床检查　☐ 医技检查

一、问题描述（未经 ICF 限定值转换）
　1. 情绪理解得分为 12 分，情绪理解功能未见异常
　2. 情绪表达得分为 9 分，情绪表达功能未见异常
　3. 情绪调节得分为 5 分，情绪调节功能轻度损伤
　4. 情绪表现得分为 19 分，情绪调节功能轻度损伤

二、进一步描述
　1. 情绪理解方面，对不同类型的情绪能够进行正确识别，对引发不同情绪的原因与情境能够正确理解
　2. 情绪表达方面，能够在不同的情境下通过语言、动作等不同方式进行合理的情绪表达，能够根据他人的情绪调整自己的行为
　3. 情绪调节方面，控制情绪的能力轻度异常，在情绪稳定性及情绪自主调节能力等一个或多个方面存在一定程度的损伤
　4. 情绪表现方面，表现出一种或多种轻度的负向情绪，如：焦虑、特定恐惧、抑郁、社交恐惧、选择性缄默等

(二)基于 ICF 的社交参与评估

世界卫生组织(WHO)将"成功的康复"定义为个人重新融入他人的社会网络,参与活动和社区。社交参与水平越来越被认为是康复成功的关键因素。[①] 社交参与对儿童的认知、个性和社会性发展起着重要的作用。"社交参与"一词指的是在生活中各种情况下的参与,如爱好、娱乐时间、社交、工作,以及接触的次数和频率。然而,众所周知,特殊儿童的社交参与是受限的,这可以从他们较少的休闲和社交活动观察到。他们的社会参与和互动的数量和质量是影响他们生活质量的关键因素。而他们的社交受限又与其情绪功能损伤密不可分。情绪加工是个体之间社会互动的一个重要组成部分,情绪加工困难可能会影响个体参与社会情境和与人互动的能力,使社会参与受限。[②]

ICF 框架下的儿童社交参与评估主要是对儿童的社交参与情况进行全面而细致的评估,帮助康复师、特教教师和家长全面了解儿童的社交活动和参与水平,确定儿童处于哪一阶段,为后续的干预训练提供训练起点。评估类目包括 d7601 子女—父母关系,d7504 与同伴的非正式关系,d7400 与权威人士社会关系。精准评估后,将评估结果依据对应 ICF 类目进行限定值的转换,以界定其参与受限等级及活动困难程度。转换可采用康复云平台的 ICF 转换功能,获得儿童的社交参与情况损伤信息。

表 2-1-6 ICF 儿童社交参与评估表示例

活动与参与(个体在其日常生活中实际做了什么;个体执行某项任务或行动的能力)			没有困难	轻度困难	中度困难	重度困难	完全困难	未特指	不适用
			0	1	2	3	4	8	9
d7601	子女—父母关系	亲子关系	□	□	☑	□	□	□	□

[①] NOREAU L, DESROSIERS J, ROBICHAUD L, Fougeyrollas P, et al. Measuring social participation: reliability of the LIFE-H in older adults with disabilities[J]. Disabil Rehabil, 2004, 26(6).

[②] BORNHOFEN C, MCDONALD S. Treating deficits in emotion perception following traumatic brain injury[J]. Neuropsychol Rehabil, 2008(18).

续表

活动与参与（个体在其日常生活中实际做了什么；个体执行某项任务或行动的能力）			没有困难 0	轻度困难 1	中度困难 2	重度困难 3	完全困难 4	未特指 8	不适用 9
d7504	与同伴的非正式关系	同伴关系	☐	☐	☑	☐	☐	☐	☐
d7400	与权威人士社会关系	师生关系	☐	☐	☐	☐	☐	☐	☑

信息来源：☐ 病史　☐ 问卷调查　☑ 临床检查　☐ 医技检查

一、问题描述
  1. 亲子关系得分为 2 分，中度困难
  2. 同伴关系得分为 2 分，中度困难
  3. 师生关系方面，尚未建立师生关系

二、进一步描述
  1. 亲子关系方面，和父母建立与维持亲子关系有中等程度困难
  2. 同伴关系方面，和与自己同龄或有相同兴趣的人建立与保持非正式关系有中等程度困难
  3. 师生关系方面，被试年龄＞3 岁，但是 5—6 题未填写，说明尚未建立师生关系

第二节 情绪行为干预计划制订

基于 ICF 的儿童情绪行为、社交参与干预模式以 ICF 理论框架为基础，首先开展康复评估，并以实现康复对象的活动与参与为导向，依据 ICF 评估结果制订康复计划。开展康复评估的目的在于明确康复对象在情绪行为、社交参与等方面的功能与参与情况，量化评定其存在的功能损伤以及参与困难程度，依据其现有的发展水平与能力，确立干预的目标，并制订具体的干预计划。

确立干预目标、制订干预计划时应注意：目标设立必须具有针对性；干预计划必须具体、可行、易监控。在正确评估与诊断的基础上，须严格按计划执行，并按需及时调整，以保证干预计划的顺利实施。康复内容应注重训练的阶梯性，以促进康复对象情绪管理能力和适当行为能力的发展，从而满足康复对象不同发展阶段中个人生活、家庭生活、学校生活和社会生活的现实需求。团队所有成员共同完成计划表，并且每个成员要对评定的内容和干预目标、计划达成一致意见，各组成员必须围绕相同的目标制定相应的康复措施，充分发挥团队的合力作用。另外，儿童及家长的康复愿望对康复团队目标设定是一个重要的参考。干预计划的制订还需确定干预计划实施的人员和本阶段的干预目标，建议采用 ICF 限定值来设定目标。

一、儿童情绪功能干预计划制订

ICF 儿童情绪功能干预计划表记录了干预治疗的任务和干预方法等信息，情绪功能方面包含情绪的适度性、情绪调节、情绪范围等情绪康复训练内容。康复师可依据康复对象评估结果勾选对应的干预内容，比如情绪理解干预，可选择情绪识别模块中的基本情绪识别或复杂情绪识别来进行康复训练。情绪理解包括情景推理和归因推理两大部分，采用大量的情景资源，康复对象可根据情景来推断场景中的自己和他人的情绪状态或者根据他人的情绪状态来选择合适的情景。情绪调节主要通过情绪诱导、自我调节和外部调节实现。情绪诱导可以采用动感视频，通过包含不同颜色、运动速度和深度变化的视频内容给康复对象带来一定的视觉影响，同时结合不同情绪性质的音乐给康复对象带来的听觉影响，诱发个体一定的生理反应，从而将康复对象导向不同的状态。另外，康复训练时可根据康复对象的个体喜好，选择其偏好的主题风格。情绪自我调节可采用情绪宣泄等方法，情绪外部调节可采用放松训练等方法以达到调节情绪的目的（详见本书第三章第四、五节）。勾选治疗方法后，勾选对应的工作人员，最后在初始值、目标值、最终值各栏内填写 ICF 限定值，见表 2-2-1。

表 2-2-1　ICF 儿童情绪功能干预计划表

治疗任务			治疗方法	康复医师	护士	物理治疗师	作业治疗师	言语治疗师	心理工作者	特教教师	初始值	目标值	最终值
b152 情绪	b1520 情绪的适度性	情绪理解	情绪识别： ☐ 基本情绪识别 ☐ 复杂情绪识别 情绪理解： ☐ 情绪情景理解 ☐ 情绪原因理解								0		
		情绪表达	☐ 基本情绪表达 ☐ 复杂情绪表达								0		
	b1521 情绪调节	情绪调节	☐ 情绪诱导 ☐ 情绪外部调节 ☑ 情绪自我调节							√	1	1	0
	b1522 情绪范围	情绪表现	可视音乐： ☐ 外倾型干预方案 ☑ 内倾型干预方案							√	1	1	0

续表

治疗任务		治疗方法	康复医师	护士	物理治疗师	作业治疗师	言语治疗师	心理工作者	特教教师	初始值	目标值	最终值
b152 情绪	b1522 情绪范围 情绪表现	听觉统合： ☐ 情绪行为干预 ☐ 听觉脱敏训练 ☑ 双耳平衡训练 ☐ 脑电波诱导音乐 ☐ 自定义								1	1	0

二、儿童社交参与干预计划制订

ICF 儿童社交参与干预计划表记录了干预治疗的任务和干预方法等信息，治疗任务方面包含 d760 家庭人际关系、d750 非正式社会关系、d7400 与权威人士社会关系等相关治疗任务，治疗内容包含家庭适应行为、学校适应行为、公共场所适应行为等，还包含社会故事法中的系列治疗内容。勾选治疗内容后，勾选对应的工作人员，最后在初始值、目标值、最终值各栏内填写 ICF 限定值，见表 2-2-2。

表 2-2-2 ICF 儿童社交参与干预计划表

治疗任务		治疗内容	康复医师	护士	物理治疗师	作业治疗师	言语治疗师	心理工作者	特教教师	初始值	目标值	最终值
d760 家庭人际关系	亲子关系	☑ 家庭适应行为							√	2	1	1

续表

治疗任务		治疗内容	康复医师	护士	物理治疗师	作业治疗师	言语治疗师	心理工作者	特教教师	初始值	目标值	最终值
d750 非正式社会关系	同伴关系	☐ 你能做个好帮手吗？ ☑ 你能成为别人的好朋友吗？ ☑ 你讲礼貌吗？ ☐ 你知道别人的感受吗？ ☐ 你能勇敢应对吗？ ☐ 你会正确地使用声音吗？ ☑ 你会和别人一起分享吗？ ☐ 你会轮流玩吗？ ☐ 你会不断尝试吗？ ☑ 你可以用眼睛倾听吗？ ☑ 你会和朋友交谈吗？ ☐ 你会使用礼貌用语吗？							√	2	1	1
d7400 与权威人士社会关系	师生关系	☐ 学校适应行为 ☐ 公共场所适应行为							9			

第三章

情绪功能干预

第一节 情绪识别

情绪识别，指个体能够准确地察觉和识别自己与他人情绪的能力，是一种重要的心理能力和社交技巧，同时它也是特殊儿童的能力短板。因此，此部分训练具有突出的重要性，具体训练内容如下：① 感知情绪：通过呈现不同的情境，让儿童感知不同的情绪及其表现特征（包括面部表情、身体姿态和语调表情）；② 体验情绪：通过模仿不同情境下人物不同的情绪表现特征（如面部表情、身体姿态和语调表情），来体会不同的情绪；③ 识别情绪：呈现不同的情绪表现特征，让儿童从多种情绪中识别出某一种情绪，比如"高兴""生气""难过"等。以"高兴"为例，先通过感知模块，感知不同情境下的"高兴"情绪及其表现特征，然后通过模仿，体会"高兴"情绪，最后从多种情绪中识别出"高兴"情绪。

教学课件

情绪识别实验内容与操作步骤

一、基本情绪识别

（一）高兴

1. 教学内容分析

对基本情绪"高兴"的识别，可分为3个课时进行教学：第1课时主要让康复对象感知"高兴"，并且体验"高兴"，通过面部表情识别"高兴"；第2课时主要让康复对象通过身体姿态识别出"高兴"情绪；第3课时主要让康复对象通过言语和语音语调识别出"高兴"情绪。

2. 教育康复目标

（1）能感知不同情境下的"高兴"情绪，能感知人物"高兴"的情绪状态。如看到图片"贝贝得到一朵小红花，她可高兴啦！"（见图3-1-1），知道贝贝处于"高兴"的情绪中。

（2）能体验特定情境下"高兴"的情绪，能体验到人物"高兴"的情绪状态。如看到图片"贝贝得到一朵小红花，她可高兴啦！"，能做出和贝贝一样的面部表情和姿态。

（3）能通过面部表情识别出"高兴"的情绪，能从多种情绪的外部表现（面部表情、身体姿态、语音语调等）中，识别出"高兴"的情绪状态。如从"高兴的贝贝""难过的贝贝""惊讶的贝贝""生气的贝贝"四幅图中，识别出"高兴的贝贝"（见图3-1-2）。

图 3-1-1　感知"高兴"

图 3-1-2　识别"高兴"

3. 教育康复重点、难点

（1）重点：能体验不同情境下的"高兴"情绪。

能通过观察人物的外部表现，模仿其"高兴"的面部表情。

（2）难点：能通过面部表情识别出"高兴"情绪。

4. 教育康复准备

（1）环境准备：个体教学教室，面积≥10平方米。

（2）教具准备：展现"高兴"情绪的真人图片和视频，以及能够引发康复对象"高兴"情绪的玩具，如泡泡枪、荧光棒等。

① 感知"高兴"：不同人物"高兴"情绪的图片、音频和视频等。

② 识别"高兴":多种情绪的图片、音频和视频等。

(3)教学设备:自闭与多动障碍干预仪软件—情绪干预—情绪识别—识别"高兴"(食药监办械管〔2015〕104号)。

5. 教学过程

(1)兴趣导入。

场景:播放视频《哈哈笑》,引导康复对象一起跟着视频唱歌跳舞,营造欢快的气氛。

康复师和康复对象站成一排,面对电视机,康复师说:"轩轩,现在我们来跟着视频里的姐姐唱唱歌,跳跳舞,好不好?"

(2)教学新授。

① 观看视频,感知不同情境下的"高兴"情绪。

A. 完整观看多个情境下有关"高兴"的视频,让康复对象感受"高兴"的情绪。

B. 仔细观看每一种情境下有关"高兴"的视频,让康复对象观察"高兴"时的面部表情。

C. 让康复对象描述"高兴"时的面部表情。

② 通过"角色扮演"游戏,体验不同情境下的"高兴"情绪。

再次播放上述的每段视频,让康复对象扮演视频中的角色,体验"高兴"的情绪。比如,播放"贝贝得到一朵小红花,她可高兴啦!"的视频,然后给康复对象发一朵小红花,让其模仿贝贝,体验贝贝"高兴"的情绪。在扮演完成之后,询问康复对象:"得到小红花时,你感到怎么样?"若康复对象不能回答出"高兴",则给出提示。

③ 通过"表情配对"游戏,识别出"高兴"的面部表情。

康复师模仿视频中的表情(如贝贝得到小红花的表情),康复对象从已有的表情图片("高兴""难过""害怕"和"生气")中,选出与模仿者一致的表情图片。然后互换,康复对象模仿,康复师选出表情图片。

6. 干预效果实时监控

每一次情绪干预结束后,康复师对儿童进行情绪干预后测,并记录。表3-1-1适用于在情绪障碍的个别化康复训练中记录儿童训练前后的基本情绪识别情况。填表说明：实时监控表填表的频率是每日1次，依据每日所训练的项目内容填写。"具体学习表现"和"总体学习表现"是非必填项目，是对儿童当次训练效果的补充记录。

表 3-1-1　情绪识别—体验"高兴"训练实时监控表

训练内容	情绪识别—体验"高兴"	训练日期	2019年7月6日
训练项目	☑ 高兴　☐ 生气　☐ 难过　☐ 害怕　☐ 惊讶　☐ 讨厌 ☐ 骄傲　☐ 忌妒　☐ 紧张　☐ 内疚　☐ 沮丧　☐ 同情		
训练类型	☑ 体验（☐ 感知）		
题号/总题数	学习表现	具体学习表现（如需）	
1/6	☑ A 完全符合（符合度≥70%） ☐ B 部分符合（30%≤符合度＜70%） ☐ C 有点符合（5%≤符合度＜30%） ☐ D 完全不符合（符合度＜5%）		
2/6	☑ A 完全符合（符合度≥70%） ☐ B 部分符合（30%≤符合度＜70%） ☐ C 有点符合（5%≤符合度＜30%） ☐ D 完全不符合（符合度＜5%）		
3/6	☐ A 完全符合（符合度≥70%） ☑ B 部分符合（30%≤符合度＜70%） ☐ C 有点符合（5%≤符合度＜30%） ☐ D 完全不符合（符合度＜5%）		
总体学习表现：			

表3-1-2填表说明：实时监控表填表的频率是每日1次，依据每日所训练的项目内容填写。"正确次数"记录的是儿童在每一道练习题中做出正确选择的次数，"训练次数"是儿童在该道练习题中做出选择的总次数。

表 3-1-2　情绪识别—识别"高兴"训练实时监控表

训练内容	情绪识别—识别"高兴"	训练日期	2019年7月6日
训练项目	☑ 高兴　☐ 生气　☐ 难过　☐ 害怕　☐ 惊讶　☐ 讨厌 ☐ 骄傲　☐ 忌妒　☐ 紧张　☐ 内疚　☐ 沮丧　☐ 同情		
训练类型	识别（☑ 感知）		

续表

题号/总题数	正确次数	训练次数
1/12	1	2
2/12	1	2
3/12	1	2
4/12	1	1
5/12	1	2
总正确率：5/9 ≈ 55.6%		

以个案轩轩的训练结果为例：

（1）体验/感知"高兴"训练：儿童通过模仿，能够体会到"高兴"的正确率从66.7%提高到100%，说明儿童体验"高兴"的能力逐步提升。

（2）识别"高兴"训练：儿童从多种表情中识别出"高兴"的正确率为55.6%，说明儿童识别"高兴"的能力仍然有待提升。

（3）建议：儿童需要长时间才能找出情绪线索，反应慢，识别"高兴"的能力还无法完全掌握，建议在下次个别化康复训练中继续进行识别"高兴"的训练，直至儿童可从多种表情中快速地识别出"高兴"情绪。

7. 家庭训练

康复师根据后测结果布置家庭康复处方作业。家长通过扫描二维码获得处方作业。第二天训练开始前家长将康复训练结果反馈给康复师，康复师结合上次康复训练后测结果和家庭康复训练结果决定本次课的前测内容和训练内容，依此循环往复。

8. 生活拓展指引

（1）给康复对象营造欢乐的氛围，比如带去游乐园、一起玩游戏等，让康复对象在不同的情境下体验"高兴"。

（2）家长为康复对象拍一些表现出"高兴""难过""生气""害怕"等情绪的照片，然后让康复对象从中识别出表现"高兴"情绪的图片。

（3）家长拍一些他人（爸爸、妈妈等）表现出"高兴""难过""生气""害怕"等情绪的照片，然后让康复对象从中识别出他人"高兴"的图片。

（二）生气

1. 教学内容分析

对基本情绪"生气"的识别，可分为3个课时进行教学：第1课时主要让康复对象感知"生气"，并且体验"生气"，通过面部表情识别"生气"；第2课时主要让康复对象通过身体姿态识别出"生气"情绪；第3课时主要让康复对象通过语音语调识别出"生气"情绪。

2. 教育康复目标

（1）能感知不同情境下的"生气"情绪，能感知人物"生气"的情绪状态。如看到图片"妈妈把最后两颗樱桃给了贝贝，小虎生气了！"（见图3-1-3），知道小虎处于"生气"的情绪中。

（2）能体验特定情境下"生气"的情绪，能体验到人物"生气"的情绪状态。如看到图片"妈妈把最后一颗樱桃给了贝贝，小虎生气了！"，能做出和小虎一样的面部表情和姿态。

（3）能通过面部表情识别出"生气"的情绪；能从多种情绪的外部表现（面部表情、身体姿态、语音语调等）中，识别出"生气"的情绪状态。如从"惊讶的贝贝""开心的贝贝""害怕的贝贝""生气的贝贝"四幅图中，识别出"生气的贝贝"。

图3-1-3　感知"生气"

3. 教育康复重点、难点

（1）重点：能体验不同情境下的"生气"情绪。

能通过观察人物的外部表现，模仿其"生气"的面部表情。

（2）难点：能通过面部表情识别出"生气"情绪。

4. 教育康复准备

（1）环境准备：个体教学教室，面积≥10平方米。

（2）教具准备：展现"生气"情绪的真人图片和视频，以及能够引发康复对象"生气"情绪的玩具。

① 感知"生气"：不同人物"生气"情绪的图片、音频和视频等。

② 识别"生气"：多种情绪的图片、音频和视频等。

（3）教学设备：自闭与多动障碍干预仪软件—情绪干预—情绪识别—识别"生气"（食药监办械管〔2015〕104号）。

5. 教学过程

（1）兴趣导入。

场景：播放视频《我有好东西》，引导康复对象一起跟着视频拍手并说"我有一个好东西——棒棒糖""我有一个好东西——贴纸"，营造欢快的气氛，并让儿童拿自己喜欢的物品。

康复师和康复对象面对面坐，辅课教师坐在康复对象的侧后方。康复师说："哇，我有一个好东西——棒棒糖，你们谁要？"（儿童和辅课教师都说"我要"），辅课教师直接拿走康复师手里的糖。康复师立即对儿童说"×××老师把我的糖抢走了，我很生气！"以上通过间接体验，让儿童感知"生气"的情绪。

（2）教学新授。

① 观看视频，感知不同情境下的"生气"情绪。

A. 完整观看多个情境下有关"生气"的视频，让康复对象感受"生气"的情绪。

B. 仔细观看每一种情境下有关"生气"的视频，让康复对象观察"生气"时的面部表情。

C. 让康复对象描述"生气"时的面部表情。

② 通过"角色扮演"游戏,体验不同情境下的"生气"情绪。

再次播放上述的每段视频,让康复对象扮演视频中的角色,体验"生气"的情绪。比如,播放"新衣服被弄脏了"的视频,然后给康复对象发一个仿真小衣服,让其模仿视频里的人物贝贝,体验贝贝"生气"的情绪。在扮演完成之后,询问康复对象:"小衣服被弄脏后,你的心情怎么样?"若康复对象不能回答出"生气",则给出提示。

③ 通过"表情配对"游戏,识别出"生气"的面部表情。

康复师模仿视频中的表情(如小虎生气的表情),康复对象从已有的表情图片("高兴""难过""害怕"和"生气")中,选出与模仿者一致的表情图片。然后互换,康复对象模仿,康复师选出表情图片。

6. 干预效果实时监控

每一次情绪干预结束后,康复师对康复对象进行情绪干预后测,并记录。表 3-1-3 适用于在情绪障碍的个别化康复训练中记录康复对象训练前后的基本情绪识别情况。填表说明:实时监控表填表的频率是每日 1 次,依据每日所训练的项目内容填写。"具体学习表现"和"总体学习表现"是非必填项目,是对儿童当次训练效果的补充记录。

表 3-1-3　情绪识别—体验"生气"训练实时监控表

训练内容	情绪识别—体验"生气"	训练日期	2019 年 7 月 6 日
训练项目	☑ 生气　☐ 开心　☐ 难过　☐ 害怕　☐ 惊讶　☐ 讨厌 ☐ 骄傲　☐ 忌妒　☐ 紧张　☐ 内疚　☐ 沮丧　☐ 同情		
训练类型	☑ 体验　(☐ 感知)		
题号/总题数	学习表现		具体学习表现 (如需)
1/6	☑ A 完全符合(符合度≥70%) ☐ B 部分符合(30%≤符合度<70%) ☐ C 有点符合(5%≤符合度<30%) ☐ D 完全不符合(符合度<5%)		
2/6	☑ A 完全符合(符合度≥70%) ☐ B 部分符合(30%≤符合度<70%) ☐ C 有点符合(5%≤符合度<30%) ☐ D 完全不符合(符合度<5%)		

续表

题号/总题数	学习表现	具体学习表现（如需）
3/6	☐ A 完全符合（符合度≥70%） ☑ B 部分符合（30%≤符合度<70%） ☐ C 有点符合（5%≤符合度<30%） ☐ D 完全不符合（符合度<5%）	
总体学习表现：		

表 3-1-4 填表说明：实时监控表填表的频率是每日 1 次，依据每日所训练的项目内容填写。"正确次数"记录的是康复对象在每一道练习题中做出正确选择的次数，"训练次数"是康复对象在该道练习题中做出选择的总次数。

表 3-1-4 情绪识别—识别"生气"训练实时监控表

训练内容	情绪识别—识别"生气"	训练日期	2019 年 7 月 6 日
训练项目	☑ 生气 ☐ 开心 ☐ 难过 ☐ 害怕 ☐ 惊讶 ☐ 讨厌 ☐ 骄傲 ☐ 忌妒 ☐ 紧张 ☐ 内疚 ☐ 沮丧 ☐ 同情		
训练类型	识别（☑ 感知）		
题号/总题数	正确次数		训练次数
1/12	1		2
2/12	1		2
3/12	1		2
4/12	1		1
5/12	1		2
总正确率：5/9≈55.6%			

以个案棋棋的训练结果为例：

（1）体验"生气"训练：康复对象通过模仿，体验"生气"情绪的正确率还不够稳定，说明康复对象体验"生气"的能力仍然需要提升。

（2）识别"生气"训练：康复对象从多种表情中识别出"生气"情绪的正确率为 55.6%，说明康复对象识别"生气"的能力也需要提升。

（3）建议：康复对象需要长时间才能找出情绪线索，反应慢，识别

"生气"的能力还无法完全掌握，建议在下次个别化康复训练中继续进行识别"生气"的训练，直至康复对象可从多种表情中快速地识别出"生气"情绪。

7. 家庭训练

康复师根据后测结果布置家庭康复处方作业。家长通过扫描二维码获得处方作业。第二天训练开始前家长将康复训练结果反馈给康复师，康复师结合上次康复训练后测结果和家庭康复训练结果决定本次课的前测内容和训练内容，依此循环往复。

8. 生活拓展指引

（1）给康复对象营造欢乐的氛围，比如带去游乐园、一起玩游戏等，让康复对象在不同的情境下体验"生气"。

（2）家长为康复对象拍一些表现出"生气""难过""高兴""害怕"等情绪的照片，然后让康复对象从中识别出"生气"的图片。

（3）家长拍一些他人（爸爸、妈妈等）表现出"生气""难过""高兴""害怕"等情绪的照片，然后让康复对象从中识别出他人"生气"的图片。

（三）难过

1. 教学内容分析

对基本情绪"难过"的识别，可分为3个课时进行教学，第1课时主要让康复对象感知"难过"，并且体验"难过"，通过面部表情识别"难过"；第2课时主要让康复对象通过身体姿态识别出"难过"情绪；第3课时主要让康复对象通过言语和语音语调识别出"难过"情绪。

2. 教育康复目标

（1）能感知不同情境下的"难过"情绪，能感知人物"难过"的情绪状态。如看到图片"贝贝弹错琴被批评，贝贝很难过"，知道贝贝处于"难过"的情绪中。

（2）能体验特定情境下"难过"的情绪，能体验人物"难过"的情绪状态。如看到图片"贝贝弹错琴被批评，贝贝很难过"，能做出和贝贝一样的面部表情和姿态。

（3）能通过面部表情识别出"难过"的情绪，能从多种情绪的外部表现（面部表情、身体姿态、语音语调等）中，识别出"难过"的情绪状态。如从"高兴的贝贝""难过的贝贝""惊讶的贝贝""生气的贝贝"四幅图中，识别出"难过的贝贝"。

3. 教育康复重点、难点

（1）重点：能体会不同情境下的"难过"情绪。

能通过观察人物的外部表现，模仿其"难过"的面部表情。

（2）难点：能通过面部表情识别出"难过"情绪。

4. 教育康复准备

（1）环境准备：个体教学教室，面积≥10平方米。

（2）教具准备：妈妈和孩子说"再见"的视频，展现"难过"情绪的真人图片和视频、纸巾以及能够引发康复对象"难过"情绪的负性音乐。

① 感知"难过"：不同人物"难过"情绪的图片、音频和视频等。

② 识别"难过"：多种情绪的图片、音频和视频等。

（3）教学设备：自闭与多动障碍干预仪软件—情绪干预—情绪识别—识别"难过"（食药监办械管〔2015〕104号）。

5. 教学过程

（1）兴趣导入。

场景：播放视频《妈妈再见》并接入妈妈说"再见"并转身的视频，康复师用语言描述视频里的场景。

康复师和康复对象站成一排，面对电视机，康复师说："彤彤，妈妈和你说再见了，你会不会想妈妈？想不想哭？"

（2）教学新授。

① 观看视频，感知不同情境下的"难过"情绪。

A. 完整观看多个情境下有关"难过"的视频，让康复对象感受"难过"的情绪。

B. 仔细观看每一种情境下有关"难过"的视频，让康复对象观察"难过"时的面部表情。

C. 让康复对象描述"难过"时的面部表情。

② 通过"角色扮演"游戏，体验不同情境下的"难过"情绪。

再次播放上述的每段视频，让康复对象扮演视频中的角色，体验"难过"的情绪。比如，播放"小虎因为和朋友吵架难过地哭了"的视频，然后给康复对象一张朋友吵架的图片，让其模仿小虎，体会小虎"难过"的情绪。在扮演完成之后，询问康复对象："吵架时，你感到怎么样？"若康复对象不能回答出"难过"，则给出提示。

③ 通过"表情配对"游戏，识别出"难过"的面部表情。

康复师模仿视频中的表情（小虎因为和朋友吵架难过地哭了），康复对象从已有的表情图片（"高兴""难过""害怕"和"生气"）中，选出与模仿者一致的表情图片。然后互换，康复对象模仿，康复师选出表情图片。

④ 通过图片匹配让儿童感知"难过"的情绪。

康复师将表现出"难过""开心""惊讶""生气"的图片放在一起，让康复对象从中选出和康复师手里拿着的另一张表现"难过"情绪的图片相似的那张，并尝试模仿图片中"难过"的表情。

⑤ 猜一猜。

康复师做出多种表情，并让康复对象猜一猜是否是"难过"的表情。

6. 干预效果实时监控

每一次情绪干预结束后，康复师对康复对象进行情绪干预后测，并记录。表3-1-5适用于在情绪障碍的个别化康复训练中记录康复对象训练前后的基本情绪识别情况。填表说明：实时监控表填表的频率是每日1次，依据每日所训练的项目内容填写。"具体学习表现"和"总体学习表现"是非必填项目，是对康复对象当次训练效果的补充记录。

表 3-1-5 情绪识别—体验"难过"训练实时监控表

训练内容	情绪识别—体验"难过"	训练日期	2019 年 7 月 6 日
训练项目	☐ 高兴　☐ 生气　☑ 难过　☐ 害怕　☐ 惊讶　☐ 讨厌 ☐ 骄傲　☐ 忌妒　☐ 紧张　☐ 内疚　☐ 沮丧　☐ 同情		
训练类型	☑ 体验（☐ 感知）		
题号/总题数	学习表现	具体学习表现（如需）	
1/6	☑ A 完全符合（符合度≥70%） ☐ B 部分符合（30%≤符合度<70%） ☐ C 有点符合（5%≤符合度<30%） ☐ D 完全不符合（符合度<5%）		
2/6	☐ A 完全符合（符合度≥70%） ☑ B 部分符合（30%≤符合度<70%） ☐ C 有点符合（5%≤符合度<30%） ☐ D 完全不符合（符合度<5%）		
3/6	☐ A 完全符合（符合度≥70%） ☑ B 部分符合（30%≤符合度<70%） ☐ C 有点符合（5%≤符合度<30%） ☐ D 完全不符合（符合度<5%）		
总体学习表现：能够有意识去模仿，但是表情不明显，且参与意识有待加强			

表 3-1-6 情绪识别—识别"难过"训练实时监控表

训练内容	情绪识别—识别"难过"	训练日期	2019 年 7 月 6 日
训练项目	☐ 高兴　☐ 生气　☑ 难过　☐ 害怕　☐ 惊讶　☐ 讨厌 ☐ 骄傲　☐ 忌妒　☐ 紧张　☐ 内疚　☐ 沮丧　☐ 同情		
训练类型	识别（☑ 感知）		
题号/总题数	正确次数	训练次数	
1/12	2	2	
2/12	1	2	
3/12	1	2	
4/12	1	2	
5/12	1	2	
总正确率：6/10＝60%			

以个案彤彤的训练结果为例：

（1）体验"难过"训练：康复对象通过模仿，能够体会到"难过"的正确率还不够稳定，说明康复对象体验"难过"的能力仍然需要提升。

（2）识别"难过"训练：康复对象从多种表情中识别出"难过"的正确率为60%，说明康复对象识别"难过"的能力也需要提升。

（3）建议：康复对象需要长时间才能找出情绪线索，反应慢，识别"难过"的能力还无法完全掌握，建议在下次个别化康复训练中继续进行识别"难过"的训练，直至康复对象可从多种表情中快速地识别出"难过"情绪。

7. 家庭训练

康复师根据后测结果布置家庭康复处方作业。家长通过扫描二维码获得处方作业。第二天训练开始前家长将康复训练结果反馈给康复师，康复师结合上次康复训练后测结果和家庭康复训练结果决定本次课的前测内容和训练内容，依此循环往复。

8. 生活拓展指引

（1）充分利用家庭环境中出现"难过"情绪的机会，待康复对象从"难过"的情绪中缓和后，建议让康复对象想一想刚才的情绪体验。

（2）家长为康复对象拍一些表现出"高兴""难过""生气""害怕"等情绪的照片，然后让康复对象从中识别出"难过"情绪的图片。

（3）家长拍一些他人（爸爸、妈妈等）表现出"高兴""难过""生气""害怕"等情绪的照片，然后让康复对象从中识别出他人"难过"情绪的图片。

（四）害怕

1. 教学内容分析

对基本情绪"害怕"的识别，可分为4个课时进行教学：第1课时主要让康复对象感知"害怕"，体验"害怕"，指认出"害怕"情绪；第2课时主要让康复对象通过面部表情、身体姿态识别出"害怕"情绪;第3课时主要让康复对象通过言语和语音语调识别出"害怕"情绪;第4课时主要让康复对象在合适的场景中表现出"害怕"的情绪。

2. 教育康复目标

(1)能感知不同情境下的"害怕"情绪,能感知人物"害怕"的情绪状态。如看到动画"小明在黑暗的房间里害怕得发抖",知道小明处于"害怕"的情绪中。

(2)能体验特定情境下"害怕"的情绪,能体验人物"害怕"的情绪状态。如体验到"黑暗的房间里""看惊悚的卡通片段"等情境下"害怕"的情绪状态。

(3)能通过面部表情识别出"害怕"的情绪,能从多种情绪的外部表现(面部表情、身体姿态、语音语调等)中,识别出"害怕"的情绪状态。如从"高兴的小明""害怕的小明""生气的小明""内疚的小明"四幅图中,识别出"害怕的小明"。

3. 教育康复重点、难点

(1)重点:能体会不同情境下的"害怕"情绪。

能通过观察人物外部表现或不同情境下的因素,感知并模仿"害怕"的情绪状态。

(2)难点:能从面部表情、身体姿态、语音语调中识别出"害怕"的情绪。

4. 教育康复准备

(1)环境准备:个体教学教室,面积≥10平方米。

(2)教具准备:呈现"害怕"情绪的真人图片和动画,能够引发康复对象"害怕"情绪的故事书,如包含"巫婆让白雪公主吃毒苹果"等内容。

① 感知"害怕":表现不同人物"害怕"情绪的图片、音频和视频等。

② 体验"害怕":令人害怕的童话/寓言故事等。

③ 识别"害怕":多种情绪的图片、音频和视频等。

(3)教学设备:自闭与多动障碍干预仪软件—情绪干预—情绪识别—

识别"害怕"(食药监办械管〔2015〕104号)。

5. 教学过程

(1)兴趣导入。

场景:播放视频《贝贝和妈妈一起去商场》,引导康复对象一起跟着贝贝逛街和玩耍,使康复对象逐渐进入相应的情境。

康复师和康复对象手拉着手。康复师说:"小红,现在我们一起跟着贝贝来逛街吧!贝贝会和妈妈买些什么玩具呢?"

(2)教学新授。

① 观看视频《贝贝和妈妈一起去商场》之后,引入合适的问题。

A. 让康复对象感受"害怕"的情绪。

康复师:"小红,贝贝在商场里找不到妈妈了,他转了好几圈都哭了,他好害怕呀!"

B. 仔细观看每一种情境下的"害怕"情绪,让康复对象观察贝贝害怕时的面部表情。

康复师(描述不同场景):"小红,我们来看看,妈妈在厨房里看到了蟑螂,她很害怕,害怕得张大了嘴,害怕得满头大汗。"

康复师:"晚上家里停电了,小虎很害怕,他躲进了被窝,还在发抖。"

C. 让康复对象描述害怕时的面部表情、身体姿态。

康复师:"小红,贝贝在商场里找不到妈妈了,他好害怕呀!他做了什么动作?"

小红:"他缩着肩膀,睁大了眼睛,还在发抖。"

康复师:"小红我们来看看,妈妈在厨房里看到了蟑螂,她很害怕。她做了什么动作?"

小红:"妈妈害怕得张大了嘴、满头大汗。"

康复师:"晚上家里停电了,小虎很害怕。他做了什么动作呢?"

小红:"他躲进了被窝,还在发抖。"

② 通过"场景模拟"游戏,体会不同情境下的"害怕"情绪。

再次播放上述每段视频,让康复对象扮演视频中的角色,想象自己是视频中的人,体会"害怕"的情绪。比如,播放"家里停电了,小虎躲在被窝里"的视频,然后把灯关了,让康复对象模仿小虎,体会其"害怕"

情绪。在扮演完成之后，询问康复对象："灯关了，屋子里都是黑的，你感到怎么样？"若康复对象不能回答出"害怕"，则给出提示。

③ 通过"讲故事"的方式，让康复对象识别出"害怕"的面部表情。

康复师播放视频动画，给康复对象讲故事，如"小虎害怕坐过山车"，让康复对象从已有的表情图片（"高兴""难过""害怕"和"生气"）中，选出与模仿者一致的表情图片，选择正确后让康复对象体会并模仿。

6. 干预效果实时监控

每一次情绪干预结束后，康复师对康复对象进行情绪干预后测，并记录。表 3-1-7 适用于在情绪障碍的个别化康复训练中记录康复对象训练前后的基本情绪识别情况。填表说明：实时监控表填表的频率是每日 1 次，依据每日所训练的项目内容填写。"具体学习表现"和"总体学习表现"是非必填项目，是对康复对象当次训练效果的补充记录。

表 3-1-7 情绪识别—体验"害怕"训练实时监控表

训练内容	情绪识别—体验"害怕"	训练日期	2019 年 12 月 24 日
训练项目	☐ 高兴 ☐ 生气 ☐ 难过 ☑ 害怕 ☐ 惊讶 ☐ 讨厌 ☐ 骄傲 ☐ 忌妒 ☐ 紧张 ☐ 内疚 ☐ 沮丧 ☐ 同情		
训练类型	☑ 体验 （☐ 感知）		
题号/总题数	学习表现	具体学习表现（如需）	
3/6	☑ A 完全符合（符合度≥70%） ☐ B 部分符合（30%≤符合度＜70%） ☐ C 有点符合（5%≤符合度＜30%） ☐ D 完全不符合（符合度＜5%）		
4/6	☑ A 完全符合（符合度≥70%） ☐ B 部分符合（30%≤符合度＜70%） ☐ C 有点符合（5%≤符合度＜30%） ☐ D 完全不符合（符合度＜5%）		
5/6	☐ A 完全符合（符合度≥70%） ☑ B 部分符合（30%≤符合度＜70%） ☐ C 有点符合（5%≤符合度＜30%） ☐ D 完全不符合（符合度＜5%）		
总体学习表现：康复对象总体能对"害怕"的情绪状态做出正确认识，能够做到在康复师的提示下模仿视频中主人公的"害怕"情绪的表现			

表 3-1-8 填表说明：实时监控表填表的频率是每日 1 次，依据每日所训练的项目内容填写。"正确次数"记录的是康复对象在每一道练习题中做出正确选择的次数，"训练次数"是康复对象在该道练习题中做出选择的总次数。

表 3-1-8 情绪识别—识别"害怕"训练实时监控表

训练内容	情绪识别—识别"害怕"	训练日期	2019 年 12 月 24 日
训练项目	☐高兴 ☐生气 ☐难过 ☑害怕 ☐惊讶 ☐讨厌 ☐骄傲 ☐忌妒 ☐紧张 ☐内疚 ☐沮丧 ☐同情		
训练类型	识别（☑感知）		
题号/总题数	正确次数	训练次数	
3/12	2	2	
4/12	1	2	
5/12	2	2	
6/12	1	2	
7/12	1	2	
总正确率：7/10 = 70%			

以个案小红的训练结果为例：

（1）体验"害怕"训练：康复对象无法稳定地体会"害怕"的情绪，正确率尚可，说明康复对象体验"害怕"的能力仍然需要提升。

（2）识别"害怕"训练：康复对象从多种面部表情中识别出"害怕"的正确率为 70%，说明康复对象识别"害怕"的能力尚可，需进一步巩固。

（3）建议：康复对象需要在提示下才能找出情绪线索，反应慢，识别"害怕"的能力还无法完全掌握，建议在下次个别化康复训练中继续进行识别"害怕"的训练，直至康复对象可从多种表情中快速、准确地识别出"害怕"情绪。

7. 家庭训练

康复师根据后测结果生成家庭康复处方作业，家长通过扫描二维码获得处方作业。第二天训练开始前，家长将康复训练结果反馈给康复师，康复师结合上次康复训练后测结果和家庭康复训练结果决定本次课的前测内容和训练内容,依此循环往复。

8. 生活拓展指引

(1)让康复对象想象"害怕"的场景,比如"家里停电""看见蜘蛛""摔碎瓶子"等,让康复对象在不同的情境下体验"害怕"。

(2)家长为康复对象拍一些表现出"高兴""难过""生气""害怕"等情绪的照片,然后让康复对象从中识别出"害怕"的图片。

(3)家长拍一些他人(爸爸、妈妈等)表现出"高兴""难过""生气""害怕"等情绪的照片,然后让康复对象从中识别出他人"害怕"情绪的图片。

二、复杂情绪识别

(一)骄傲

1. 教学内容分析

对复杂情绪"骄傲"的识别,可分为3个课时进行教学:第1课时主要让康复对象感知"骄傲",并且体验"骄傲",通过面部表情识别"骄傲";第2课时主要让康复对象通过身体姿态识别出"骄傲"情绪;第3课时主要让康复对象通过言语和语音语调识别出"骄傲"情绪。

2. 教育康复目标

(1)能感知不同情境下的"骄傲"情绪,能感知人物"骄傲"的情绪状态。如看到图片"小虎跑步得了第一名,他感到骄傲",知道小虎处于"骄傲"的情绪中。

(2)能体验特定情境下"骄傲"的情绪,能体验人物"骄傲"的情绪状态。如看到图片"小虎跑步得了第一名,他感到骄傲",能做出和小虎一样的面部表情和姿态。

（3）能通过面部表情识别出"骄傲"的情绪，能从多种情境展示中，识别出"骄傲"的情绪状态。如从"小虎跑步得了第一名""贝贝画的画很漂亮"等情境图片中，识别出"骄傲"情绪。

3. 教育康复重点、难点

（1）重点：能体会不同情境下的"骄傲"情绪。

能通过观察人物的外部表现，模仿其"骄傲"的面部表情。

（2）难点：能通过面部表情识别出"骄傲"情绪。

4. 教育康复准备

（1）环境准备：个体教学教室，面积≥10平方米。

（2）教具准备：展示"骄傲"情绪的图片和视频，能够引发康复对象"骄傲"情绪的玩具，比如满分试卷、奖牌、好看的画等。

① 感知"骄傲"：不同人物"骄傲"情绪的图片、音频和视频等。

② 识别"骄傲"：多种情绪的图片、音频和视频等。

（3）教学设备：自闭与多动障碍干预仪软件—情绪干预—情绪识别—识别"骄傲"（食药监办械管〔2015〕104号）。

5. 教学过程

（1）兴趣导入。

场景：播放视频《运动会》，引导康复对象一起跟着视频里的场景体验"紧张""愉快""骄傲"的气氛。

康复师和康复对象站成一排，面对电视机，康复师说："轩轩，现在我们来给视频里的哥哥姐姐加油，好不好？"

（2）教学新授。

① 观看视频，感知不同情境下的"骄傲"情绪。

A. 完整观看多个不同情境下有关"骄傲"的视频，让康复对象感受"骄傲"的情绪。

B. 仔细观看每一种情境下有关"骄傲"的视频，让康复对象观察"骄傲"时的面部表情。

C. 让康复对象描述"骄傲"时的面部表情。

② 通过"角色扮演"游戏，体验不同情境下的"骄傲"情绪。

再次播放上述每段视频，让康复对象扮演视频中的角色，体验到"骄傲"情绪。比如，播放"小虎跑步得了第一名"的视频，然后给康复对象发一个奖杯道具，让其模仿小虎，体验小虎"骄傲"的情绪。在扮演完成之后，询问康复对象："跑步得第一名时，你感到怎么样？"若康复对象不能回答出"骄傲"，则给出提示。

③ 通过"表情配对"游戏，识别出"骄傲"的面部表情。

康复师模仿视频中的表情（如小虎跑步得第一名时"骄傲"的表情），康复对象从已有的表情图片（"骄傲""难过""害怕"和"生气"）中，选出与模仿者一致的表情图片。然后互换，康复对象模仿，康复师选出表情图片。

6. 干预效果实时监控

每一次情绪干预结束后，康复师对康复对象进行情绪干预后测，并记录。表3-1-9适用于在情绪障碍的个别化康复训练中记录康复对象训练前后的复杂情绪识别情况。填表说明：实时监控表填表的频率是每日1次，依据每日所训练的项目内容填写。"具体学习表现"和"总体学习表现"是非必填项目，是对康复对象当次训练效果的补充记录。

表 3-1-9 情绪识别—体验"骄傲"训练实时监控表

训练内容	情绪识别—体验"骄傲"	训练日期	2019年7月6日
训练项目	☐ 高兴　☐ 生气　☐ 难过　☐ 害怕　☐ 惊讶　☐ 讨厌 ☑ 骄傲　☐ 忌妒　☐ 紧张　☐ 内疚　☐ 沮丧　☐ 同情		
训练类型	☑ 体验　（☐ 感知）		

题号/总题数	学习表现	具体学习表现（如需）
3/6	☑ A 完全符合（符合度≥70%） ☐ B 部分符合（30%≤符合度<70%） ☐ C 有点符合（5%≤符合度<30%） ☐ D 完全不符合（符合度<5%）	
4/6	☑ A 完全符合（符合度≥70%） ☐ B 部分符合（30%≤符合度<70%） ☐ C 有点符合（5%≤符合度<30%） ☐ D 完全不符合（符合度<5%）	

续表

题号/总题数	学习表现	具体学习表现（如需）
5/6	☐ A 完全符合（符合度≥70%） ☑ B 部分符合（30%≤符合度＜70%） ☐ C 有点符合（5%≤符合度＜30%） ☐ D 完全不符合（符合度＜5%）	
总体学习表现：		

表 3-1-10 填表说明：实时监控表填表的频率是每日 1 次，依据每日所训练的项目内容填写。"正确次数"记录的是康复对象在每一道练习题中做出正确选择的次数，"训练次数"是康复对象在该道练习题中做出选择的总次数。

表 3-1-10　情绪识别—识别"骄傲"训练实时监控表

训练内容	情绪识别—识别"骄傲"	训练日期	2019 年 7 月 6 日
训练项目	☐ 高兴　☐ 生气　☐ 难过　☐ 害怕　☐ 惊讶　☐ 讨厌 ☑ 骄傲　☐ 忌妒　☐ 紧张　☐ 内疚　☐ 沮丧　☐ 同情		
训练类型	识别（☑ 感知）		
题号/总题数	正确次数		训练次数
1/12	1		2
2/12	1		2
3/12	1		2
4/12	1		1
5/12	1		2
总正确率：5/9≈55.6%			

以个案轩轩的训练结果为例：

（1）体验"骄傲"训练：康复对象通过模仿，能够体会到"骄傲"的正确率还不够稳定，说明康复对象体验"骄傲"的能力仍然需要提升。

（2）识别"骄傲"训练：康复对象从多种表情中识别出"骄傲"的正确率为 55.6%，说明康复对象识别"骄傲"的能力也需要提升。

（3）建议：康复对象需要长时间才能找出情绪线索，反应慢，识别

"骄傲"的能力还无法完全掌握，建议在下次个别化康复训练中继续进行识别"骄傲"的训练，直至康复对象可从多种表情中快速地识别出"骄傲"情绪。

7. 家庭训练

康复师根据后测结果布置家庭康复处方作业，家长通过扫描二维码获得处方作业。第二天训练开始前，家长将康复训练结果反馈给康复师，康复师结合上次康复训练后测结果和家庭康复训练结果决定本次课的前测内容和训练内容，依此循环往复。

8. 生活拓展指引

（1）给康复对象营造快乐、骄傲的氛围，比如经常鼓励表扬康复对象等，让康复对象在不同的情境下体验"骄傲"。

（2）家长为康复对象拍一些表现出"骄傲""难过""生气""害怕"等情绪的照片，然后让康复对象从中识别出"骄傲"情绪的图片。

（3）家长拍一些他人（爸爸、妈妈等）表现出"骄傲""难过""生气""害怕"等情绪的照片，然后让康复对象从中识别出他人"骄傲"的图片。

（4）家长展示不同的生活场景（"获奖了""生病了""拥有别人羡慕的东西"等），让康复对象体会"骄傲"的情绪。

（二）紧张

1. 教学内容分析

对复杂情绪"紧张"的识别，可分为 2 个课时进行教学：第 1 课时主要创设各种情境让康复对象感知并且体验"紧张"的情绪，了解情境与情绪之间的关系，并观察了解"紧张"时的面部表情、姿态表情、语音、语调等信息；第 2 课时则主要在感知体验"紧张"的基础上，让康复对象通过面部表情、姿态表情、语音语调等识别出"紧张"的情绪。

2. 教育康复目标

（1）能感知人处于多种不同情境下的"紧张"情绪。如出示"在众人面前表演""做错了事情""被老师提问""想和小朋友一起玩"等场景时，知道人可能会感到"紧张"。

（2）能通过"紧张"情绪的各种外部表现（面部表情、身体姿态、语音语调等）中，识别出"紧张"的情绪状态。如从"高兴""紧张""害怕""难过"四幅图中，识别出"紧张"的情绪与情境。

3. 教育康复重点、难点

（1）重点：能了解"紧张"情绪与情境之间的关系。

能了解诱发"紧张"情绪的多种情境及"紧张"情绪与情境之间的关系。

（2）难点：能通过面部表情、身体姿态、语音语调等识别出"紧张"的情绪。

4. 教育康复准备

（1）环境准备：个体教学教室，面积≥10平方米。

（2）教具准备：展现"紧张"情绪的图片和视频，多种情绪情境图片，以及能够引发康复对象"紧张"情绪的场景图片，如"打碎了妈妈的花瓶""在舞台上表演"等。

（3）教学设备：儿歌故事《龟兔赛跑》、自闭与多动障碍干预仪软件—情绪干预—情绪识别—识别其他情绪—识别"紧张"（食药监办械管〔2015〕104号）。

5. 教学过程

（1）兴趣导入。

场景：播放儿歌故事《龟兔赛跑》，吸引康复对象的注意力和兴趣，引导康复对象一起欣赏故事，并体会等待比赛结果时的"紧张"心情。

康复师和康复对象站成一排，面对电视机，康复师说："啊，天哪，到底谁会赢？是兔子，还是乌龟？好紧张啊！"

（2）教学新授。

① 使用"自闭与多动障碍干预仪软件—识别紧张"观看视频，感知体验不同情境下的"紧张"情绪。

A. 完整观看多个不同情境下有关"紧张"的视频，康复师模仿人物"紧张"的状态，让康复对象能够感受"紧张"的情绪，如"快考试了，小虎和小明很紧张""贝贝做错事情的时候会紧张""表演节目的时候，小虎很紧张"（见图3-1-4）。

图 3-1-4 识别"紧张"

B. 仔细观看每一种情境下关于"紧张"的视频，之后康复师将人物"紧张"时的细节表现进行夸张的表演，引导康复对象仔细观察并尝试描述人物"紧张"时的面部表情、身体姿态等，如"紧张"时会手心出汗、心跳加快、身体发热、坐立不安。

② 通过"角色扮演"游戏，模拟"紧张"情绪下的面部表情、身体姿态、语音语调等。

再次播放上述每段视频，让康复师和康复对象扮演视频中的角色，体会到"紧张"的情绪。比如，播放"贝贝做错事情会紧张"的视频，然后给康复对象发一个玩具，让其模仿贝贝，体会摔坏玩具后"紧张"的情绪。在扮演完成之后，询问康复对象："摔坏了老师的玩具时，你感到怎么样？"引导康复对象回答出"紧张"，如果不能，则给出视觉和语音提示。

③ 通过"情绪匹配"游戏，识别出"紧张"的情绪。

康复师模仿视频中的情绪表现（如双手掌心互搓，食指对碰等），康复对象从已有的表情图片（大笑、哭泣、嘟嘴愤怒、双手食指互碰）中，选出与模仿者一致的表情图片。然后互换，康复对象模仿，康复师选出表情图片。

④ 通过"情绪指认"游戏，辨认出"紧张"的情绪。

康复师给出指令"找出紧张的情绪"，让康复对象从四张备选情绪图片（"紧张""愤怒""伤心""难过"）中选出目标情绪的图片。

6. 干预效果实时监控

每一次情绪干预结束后，康复师对康复对象进行情绪干预后测，并记录。表 3-1-11 适用于在情绪障碍的个别化康复训练中记录康复对象训练前后的复杂情绪识别情况。填表说明：实时监控表填表的频率是每日 1 次，依据每日所训练的项目内容填写。"具体学习表现"和"总体学习表现"是非必填项目，是对康复对象当次训练效果的补充记录。

表 3-1-11　情绪识别—体验"紧张"训练实时监控表

训练内容	情绪识别—体验"紧张"	训练日期	2019 年 12 月 20 日
训练项目	☐ 高兴　☐ 生气　☐ 难过　☐ 害怕　☐ 惊讶　☐ 讨厌 ☐ 骄傲　☐ 忌妒　☑ 紧张　☐ 内疚　☐ 沮丧　☐ 同情		
训练类型	☑ 体验　（☐ 感知）		

题号 / 总题数	学习表现	具体学习表现（如需）
1/6	☑ A 完全符合（符合度≥70%） ☐ B 部分符合（30%≤符合度<70%） ☐ C 有点符合（5%≤符合度<30%） ☐ D 完全不符合（符合度<5%）	
2/6	☑ A 完全符合（符合度≥70%） ☐ B 部分符合（30%≤符合度<70%） ☐ C 有点符合（5%≤符合度<30%） ☐ D 完全不符合（符合度<5%）	
3/6	☐ A 完全符合（符合度≥70%） ☑ B 部分符合（30%≤符合度<70%） ☐ C 有点符合（5%≤符合度<30%） ☐ D 完全不符合（符合度<5%）	
总体学习表现：		

表 3-1-12 填表说明：实时监控表填表的频率是每日 1 次，依据每日所训练的项目内容填写。"正确次数"记录的是康复对象在每一道练习题中做出正确选择的次数，"训练次数"是康复对象在该道练习题中做出选择的总次数。

表 3-1-12　情绪识别—识别"紧张"训练实时监控表

训练内容	情绪识别—识别"紧张"	训练日期	2019 年 12 月 21 日
训练项目	☐ 高兴　☐ 生气　☐ 难过　☐ 害怕　☐ 惊讶　☐ 讨厌 ☐ 骄傲　☐ 忌妒　☑ 紧张　☐ 内疚　☐ 沮丧　☐ 同情		
训练类型	识别（☑ 感知）		
题号/总题数	正确次数	训练次数	
1/12	1	2	
2/12	1	2	
3/12	1	2	
4/12	1	2	
5/12	1	2	
总正确率：5/10 = 50%			

以个案然然的训练结果为例：

（1）体验"紧张"训练：康复对象通过模仿，能够体会到"紧张"的正确率还不够稳定，说明康复对象体验"紧张"的能力仍然需要提升。

（2）识别"紧张"训练：康复对象从多种表情中识别出"紧张"的正确率为 50%，说明康复对象识别"紧张"的能力也需要提升。

（3）建议：康复对象需要长时间才能找出情绪线索，反应慢，识别"紧张"的能力还无法完全掌握，建议在下次个别化康复训练中继续进行识别"紧张"的训练，直至康复对象可从多种表情中快速地识别出"紧张"情绪。

7. 家庭训练

康复师根据后测结果布置家庭康复处方作业，家长通过扫描二维码获得处方作业。第二天训练开始前家长将康复训练结果反馈给康复师，康复师结合上次康复训练后测结果和家庭康复训练结果决定本次课的前测内容和训练内容，依此循环往复。

8. 生活拓展指引

（1）在生活中，康复对象出现"紧张"情绪的时候，家长可及时引导帮助康复对象认识到自己当下的情绪即为"紧张"（比如看到陌生人的时候，康复对象感到"紧张"，躲在家长身后），然后进行安抚。

（2）家长为康复对象拍一些表现出"紧张""难过""生气""高兴"等情绪的照片，然后让康复对象从中识别出"紧张"情绪的图片。

（3）家长拍一些他人（爸爸、妈妈等）表现出"紧张""难过""生气""高兴"等情绪的照片，然后让康复对象从中识别出他人"紧张"情绪的图片。

（三）沮丧

1. 教学内容分析

对复杂情绪"沮丧"的识别，可分为3个课时进行教学：第1课时主要让康复对象感知"沮丧"并体验"沮丧"，通过面部表情识别"沮丧"；第2课时主要让康复对象通过身体姿态识别出"沮丧"情绪；第3课时主要让康复对象通过言语和语音语调识别出"沮丧"情绪。

2. 教育康复目标

（1）能感知不同情境下"沮丧"情绪，能感知人物"沮丧"的情绪状态。如看到图片"小虎比赛输了很沮丧"，知道小虎处于"沮丧"的情绪中。

（2）能体验特定情境下"沮丧"的情绪，能体验人物"沮丧"的情绪状态。如看到图片"小虎比赛输了很沮丧"，能做出和小虎一样的面部表情和姿态。

（3）能通过面部表情识别出"沮丧"的情绪，能从多种情绪的外部表现（面部表情、身体姿态、语音语调等）中，识别出"沮丧"的情绪状态。如从"沮丧的贝贝""高兴的贝贝""惊讶的贝贝""生气的贝贝"四幅图中，识别出"沮丧的贝贝"。

3. 教育康复重点、难点

（1）重点：能体会不同情境下的"沮丧"情绪。

能通过观察人物的外部表现，模仿其"沮丧"的面部表情。

（2）难点：能通过面部表情识别出"沮丧"情绪。

4. 教育康复准备

（1）环境准备：个体教学教室，面积≥10平方米。

（2）教具准备：展现"沮丧"情绪的图片和视频，能够引发康复对象"沮丧"情绪的物品，比如摞得高高的作业本、考砸了的试卷等。

① 感知"沮丧"：不同人物"沮丧"情绪的图片、音频和视频等。

② 识别"沮丧"：多种情绪的图片、音频和视频等。

（3）教学设备：自闭与多动障碍干预仪软件—情绪干预—情绪识别—识别"沮丧"（食药监办械管〔2015〕104号）。

5. 教学过程

（1）兴趣导入。

场景：播放视频《小小少年》，引导康复对象进入视频情境，营造"沮丧"的气氛。

康复师和康复对象站成一排，面对电视机，康复师说："童童，现在我们来跟着视频里的哥哥唱唱歌，好不好？"

（2）教学新授。

① 观看视频，感知不同情境下的"沮丧"情绪。

A. 完整观看多个不同情境下有关"沮丧"的视频，让康复对象感受"沮丧"的情绪。

B. 仔细观看每一种情境下有关"沮丧"的视频，让康复对象观察"沮丧"时的面部表情。

C. 让康复对象描述"沮丧"时的面部表情。

② 通过"角色扮演"游戏，体会不同情境下的"沮丧"情绪。

再次播放上述每段视频，让康复对象扮演视频中的角色，体会"沮丧"情绪。比如，播放"小虎不能去公园玩"的视频，让康复对象问家长可不可以去公园玩,得到否定的回答时,让其模仿小虎,体会其"沮丧"的情绪。在扮演完成之后,询问康复对象:"爸爸说不可以去公园玩时,你感到怎么样?"若康复对象不能回答出"沮丧",则给出提示。

③ 通过"表情配对"游戏,识别出"沮丧"的面部表情。

康复师模仿视频中的表情(如小虎不能去公园玩时"沮丧"的表情),康复对象从已有的表情图片("沮丧""高兴""害怕"和"生气")中,选出与模仿者一致的表情图片。然后互换,康复对象模仿,康复师选出表情图片。

6. 干预效果实时监控

每一次情绪干预结束后,康复师对康复对象进行情绪干预后测,并记录。表3-1-13适用于在情绪障碍的个别化康复训练中记录康复对象训练

表3-1-13 情绪识别—体验"沮丧"训练实时监控表

训练内容	情绪识别—体验"沮丧"	训练日期	2019年12月20日
训练项目	☐ 高兴 ☐ 生气 ☐ 难过 ☐ 害怕 ☐ 惊讶 ☐ 讨厌 ☐ 骄傲 ☐ 忌妒 ☐ 紧张 ☐ 内疚 ☑ 沮丧 ☐ 同情		
训练类型	☑ 体验 (☐ 感知)		
题号/总题数	学习表现		具体学习表现(如需)
1/3	☑ A 完全符合(符合度≥70%) ☐ B 部分符合(30%≤符合度<70%) ☐ C 有点符合(5%≤符合度<30%) ☐ D 完全不符合(符合度<5%)		
2/3	☑ A 完全符合(符合度≥70%) ☐ B 部分符合(30%≤符合度<70%) ☐ C 有点符合(5%≤符合度<30%) ☐ D 完全不符合(符合度<5%)		
3/3	☐ A 完全符合(符合度≥70%) ☑ B 部分符合(30%≤符合度<70%) ☐ C 有点符合(5%≤符合度<30%) ☐ D 完全不符合(符合度<5%)		
总体学习表现:在"小虎不能去公园玩"和"妈妈不能给贝贝讲故事"的情绪体验中,童童可以模仿视频中人物的表情和说话内容,学习表现为"完全符合";但到第3题"小虎不能带小狗回家"时,童童却需要康复师多次提示"沮丧"才能有所表现,这可能与其缺乏这一生活经验有关			

前后的复杂情绪识别情况。填表说明：实时监控表填表的频率是每日 1 次，依据每日所训练的项目内容填写。"具体学习表现"和"总体学习表现"是非必填项目，是对康复对象当次训练效果的补充记录。

表 3-1-14 填表说明：实时监控表填表的频率是每日 1 次，依据每日所训练的项目内容填写。"正确次数"记录的是康复对象在每一道练习题中做出正确选择的次数，"训练次数"是康复对象在该道练习题中做出选择的总次数。

表 3-1-14　情绪识别—识别"沮丧"训练实时监控表

训练内容	情绪识别—识别"沮丧"		训练日期	2019 年 12 月 20 日
训练项目	☐ 高兴　☐ 生气　☐ 难过　☐ 害怕　☐ 惊讶　☐ 讨厌 ☐ 骄傲　☐ 忌妒　☐ 紧张　☐ 内疚　☒ 沮丧　☐ 同情			
训练类型	识别（☒ 感知）			
题号/总题数	正确次数		训练次数	
1/12	1		2	
2/12	1		2	
3/12	1		2	
4/12	2		2	
5/12	2		2	
总正确率：7/10 = 70%				

以个案童童的训练结果为例：

（1）体验"沮丧"训练：康复对象通过模仿，能够体验到"沮丧"的正确率算比较稳定，但其体验"沮丧"的能力仍然需要提升。

（2）识别"沮丧"训练：康复对象从多种表情中识别出"沮丧"的正确率为 70%，说明康复对象识别"沮丧"的能力也需要提升。

（3）建议：康复对象需要长时间才能找出情绪线索，反应慢，识别"沮丧"的能力还无法完全掌握，建议在下次个别化康复训练中继续进行识别"沮丧"的训练，直至康复对象可从多种表情中快速地识别出"沮丧"情绪。

7. 家庭训练

康复师根据后测结果布置家庭康复处方作业，家长通过扫描二维码获得处方作业。第二天训练开始前家长将康复训练结果反馈给康复师，康复师结合上次康复训练后测结果和家庭康复训练结果决定本次课的前测内容和训练内容，依此循环往复。

8. 生活拓展指引

（1）家长用开玩笑的方式营造"沮丧"的情境，比如先答应带康复对象去游乐园、一起玩游戏等，然后反悔，让康复对象在不同的情境下体验"沮丧"，等康复对象体验"沮丧"后，再履行承诺。

（2）家长为康复对象拍一些表现出"沮丧""高兴""生气""害怕"等情绪的照片，然后让康复对象从中识别出"沮丧"的图片。

（3）家长拍一些他人（爸爸、妈妈等）表现出"沮丧""高兴""生气""害怕"等情绪的照片，然后让康复对象从中识别出他人"沮丧"情绪的图片。

（四）内疚

1. 教学内容分析

对复杂情绪"内疚"的识别，可分为3个课时进行教学：第1课时主要让康复对象感知"内疚"，并且体验"内疚"，通过面部表情识别"内疚"；第2课时主要让康复对象通过身体姿态识别出"内疚"情绪；第3课时主要让康复对象通过言语和语音语调识别出"内疚"情绪。

2. 教育康复目标

（1）能感知不同情境下的"内疚"情绪，能感知人物"内疚"的情绪状态。如看到图片"小虎不小心把幼儿园的玩具弄坏了，他感到很内疚"，知道小虎处于"内疚"的情绪中。

（2）能体验特定情境下"内疚"的情绪，能体验到人物"内疚"的情绪状态。如看到图片"小虎不小心把幼儿园的玩具弄坏了，他感到很内疚"，能做出和小虎一样的面部表情和姿态。

（3）能通过面部表情识别出"内疚"的情绪，能从多种情绪的外部表现（面部表情、身体姿态、语音语调等）中，识别出"内疚"的情绪状态。如从"内疚的贝贝""难过的贝贝""惊讶的贝贝""生气的贝贝"四幅图中，识别出"内疚的贝贝"。

3. 教育康复重点、难点

（1）重点：能体验到不同情境下的"内疚"情绪。

能通过观察人物的外部表现，模仿其"内疚"的面部表情。

（2）难点：能通过面部表情识别出"内疚"情绪。

4. 教育康复准备

（1）环境准备：个体教学教室，面积≥10平方米。

（2）教具准备：展现"内疚"情绪的真人图片和视频，以及能够引发康复对象"内疚"情绪的玩具，比如弄坏的玩具、打碎的杯子、撕破的纸等。

① 感知"内疚"：不同人物"内疚"情绪的图片、音频和视频等。

② 识别"内疚"：多种情绪的图片、音频和视频等。

（3）教学设备：自闭与多动障碍干预仪软件—情绪干预—情绪识别—识别其他情绪（食药监办械管〔2015〕104号）。

5. 教学过程

（1）兴趣导入。

场景：播放视频《小虎把弟弟撞倒了》，引导康复对象感受小虎"内疚"的心情。

康复师和康复对象站成一排，面对电视机，康复师说："轩轩，小虎把弟弟撞倒了，他做得对吗？"

（2）教学新授。

① 观看视频，感知不同情境下的"内疚"情绪。

A. 完整观看多个不同情境下有关"内疚"的视频，让康复对象感受"内疚"的情绪。

B. 仔细观看每一种情境下有关"内疚"的视频，让康复对象观察"内疚"时的面部表情。

C. 让康复对象描述"内疚"时的面部表情。

② 通过"角色扮演"游戏，体会不同情境下的"内疚"情绪。

再次播放上述每段视频，让康复对象扮演视频中的角色，体会到"内疚"情绪。比如，播放"小虎不小心把幼儿园的玩具弄坏了，他感到很内疚"的视频，然后给康复对象发一个弄坏的玩具，让其模仿小虎，体会"内疚"的情绪。在扮演完成之后，询问康复对象："把玩具弄坏时，你感到怎么样？"若康复对象不能回答出"内疚"，则给出提示。

③ 通过"表情配对"游戏，识别出"内疚"的面部表情。

康复师模仿视频中的表情（如小虎弄坏玩具"内疚"的表情），康复对象从已有的表情图片（"内疚""难过""害怕"和"生气"）中，选出与模仿者一致的表情图片。然后互换，康复对象模仿，康复师选出表情图片。

6. 干预效果实时监控

每一次情绪干预结束后，康复师对康复对象进行情绪干预后测，并记录。表 3-1-15 适用于在情绪障碍的个别化康复训练中记录康复对象训练前后的复杂情绪识别情况。填表说明：实时监控表填表的频率是每日 1 次，依据每日所训练的项目内容填写。"具体学习表现"和"总体学习表现"是非必填项目，是对康复对象当次训练效果的补充记录。

表 3-1-15 情绪识别—体验"内疚"训练实时监控表

训练内容	情绪识别—体验"内疚"	训练日期	2019 年 7 月 6 日
训练项目	☐ 高兴 ☐ 生气 ☐ 难过 ☐ 害怕 ☐ 惊讶 ☐ 讨厌 ☐ 骄傲 ☐ 忌妒 ☐ 紧张 ☑ 内疚 ☐ 沮丧 ☐ 同情		
训练类型	☑ 体验 （☐ 感知）		
题号/总题数	学习表现	具体学习表现（如需）	
1/6	☑ A 完全符合（符合度≥70%） ☐ B 部分符合（30%≤符合度<70%） ☐ C 有点符合（5%≤符合度<30%） ☐ D 完全不符合（符合度<5%）		

续表

题号/总题数	学习表现	具体学习表现（如需）
2/6	☑ A 完全符合（符合度≥70%） ☐ B 部分符合（30%≤符合度<70%） ☐ C 有点符合（5%≤符合度<30%） ☐ D 完全不符合（符合度<5%）	
3/6	☐ A 完全符合（符合度≥70%） ☑ B 部分符合（30%≤符合度<70%） ☐ C 有点符合（5%≤符合度<30%） ☐ D 完全不符合（符合度<5%）	
总体学习表现：		

表 3-1-16 填表说明：实时监控表填表的频率是每日 1 次，依据每日所训练的项目内容填写。"正确次数"记录的是康复对象在每一道练习题中做出正确选择的次数，"训练次数"是康复对象在该道练习题中做出选择的总次数。

表 3-1-16　情绪识别—识别"内疚"训练实时监控表

训练内容	情绪识别—识别"内疚"	训练日期	2019 年 7 月 6 日
训练项目	☐ 高兴　☐ 生气　☐ 难过　☐ 害怕　☐ 惊讶　☐ 讨厌 ☐ 骄傲　☐ 忌妒　☐ 紧张　☑ 内疚　☐ 沮丧　☐ 同情		
训练类型	识别（☑ 感知）		
题号/总题数	正确次数		训练次数
1/12	1		2
2/12	1		2
3/12	1		2
4/12	1		1
5/12	1		2
总正确率：5/9≈55.6%			

以个案轩轩的训练结果为例：

（1）体验"内疚"训练：康复对象通过模仿，能够体会到"内疚"的正确率还不够稳定，说明康复对象体验"内疚"的能力仍然需要提升。

（2）识别"内疚"训练：康复对象从多种表情中识别出"内疚"的正确率为55.6%，说明康复对象识别"内疚"的能力也需要提升。

（3）建议：康复对象需要长时间才能找出情绪线索，反应慢，识别"内疚"的能力还无法完全掌握，建议在下次个别化康复训练中继续进行识别"内疚"的训练，直至康复对象可从多种表情中快速地识别出"内疚"情绪。

7. 家庭训练

康复师根据后测结果布置家庭康复处方作业，家长通过扫描二维码获得处方作业。第二天训练开始前家长将康复训练结果反馈给康复师，康复师结合上次康复训练后测结果和家庭康复训练结果决定本次课的前测内容和训练内容，依此循环往复。

8. 生活拓展指引

（1）家长在康复对象做了错误的事情时，引导其体验"内疚"。

（2）家长为康复对象拍一些表现出"内疚""难过""生气""害怕"等情绪的照片，然后让康复对象从中识别出"内疚"的图片。

（3）家长拍一些他人（爸爸、妈妈等）表现出"内疚""难过""生气""害怕"等情绪的照片，然后让康复对象从中识别出他人"内疚"情绪的图片。

（五）讨厌

1. 教学内容分析

对复杂情绪"讨厌"的识别，可分为3个课时进行教学：第1课时主要让康复对象感知"讨厌"，并且体验"讨厌"，通过面部表情识别"讨厌"；第2课时主要让康复对象通过身体姿态识别出"讨厌"情绪；第3课时主要让康复对象通过言语和语音语调识别出"讨厌"情绪。

2. 教育康复目标

（1）能感知不同情境下的"讨厌"情绪。能感知人物"讨厌"的情绪状态。如看到图片"窗外一直哐哐响，妈妈真讨厌这声音啊"，知道妈妈处于"讨厌"的情绪中。

（2）能够体验特定情境下"讨厌"的情绪。能体验到人物"讨厌"的情绪状态。如看到图片"窗外一直哐哐响，妈妈真讨厌这声音啊"，能做出和妈妈一样的面部表情和姿态。

（3）能通过面部表情识别出"讨厌"的情绪。能从多种情绪的外部表现（面部表情、身体姿态、语音语调等）中，识别出"讨厌"的情绪状态。如从"难过的贝贝""讨厌的贝贝""高兴的贝贝""惊讶的贝贝"四幅图中，识别出"讨厌的贝贝"。

3. 教育康复重点、难点

（1）重点：能体验不同情境下的"讨厌"情绪。

能通过观察人物的外部表现，模仿其"讨厌"的面部表情。

（2）难点：能通过面部表情识别出"讨厌"情绪。

4. 教育康复准备

（1）环境准备：个体教学教室，面积≥10平方米。

（2）教具准备：展现"讨厌"情绪的真人图片和视频，能够引发康复对象"讨厌"情绪的玩具。

① 感知"讨厌"：不同人物"讨厌"情绪的图片、音频和视频等。

② 识别"讨厌"：多种情绪的图片、音频和视频等。

（3）教学设备：自闭与多动障碍干预仪软件—情绪干预—情绪识别—识别"讨厌"（食药监办械管〔2015〕104号）。

5. 教学过程

（1）兴趣导入。

场景：播放视频《讨厌的客人》，引导康复对象进入视频情境中。

康复师和康复对象站成一排，面对电视机，康复师说："亮亮，现在我们来看看，小虎家有人来做客啦！"

（2）教学新授。

① 观看视频，感知不同情境下的"讨厌"情绪。

A. 完整观看多个不同情境下有关"讨厌"的视频,让康复对象感受"讨厌"的情绪。

B. 仔细观看每一种情境下有关"讨厌"的视频,让康复对象观察"讨厌"时的面部表情。

C. 让康复对象描述"讨厌"时的面部表情。

② 通过"角色扮演"游戏,体会不同情境下的"讨厌"情绪。

再次播放上述每段视频,让康复对象扮演视频中的角色,体验"讨厌"的情绪。比如,播放"窗外一直哐哐响,妈妈真讨厌这声音啊"的视频,然后康复师在窗外发出哐哐响的声音,让康复对象模仿妈妈,体会其"讨厌"的情绪。在扮演完成之后,询问康复对象:"窗外哐哐响的时候,你感到怎么样",若康复对象不能回答出"讨厌",则给出提示。

③ 通过"表情配对"游戏,识别出"讨厌"的面部表情。

康复师模仿视频中的表情(如窗外哐哐响,妈妈露出"讨厌"的表情),康复对象从已有的表情图片("讨厌""难过""高兴"和"惊讶")中,选出与模仿者一致的表情图片。然后互换,康复对象模仿,康复师选出表情图片。

6. 干预效果实时监控

每一次情绪干预结束后,康复师对康复对象进行情绪干预后测,并记录。表 3-1-17 适用于在情绪障碍的个别化康复训练中记录康复对象训练前后的复杂情绪识别情况。填表说明:实时监控表填表的频率是每日 1 次,依据每日所训练的项目内容填写。"具体学习表现"和"总体学习表现"是非必填项目,是对康复对象当次训练效果的补充记录。

表 3-1-17 情绪识别—体验"讨厌"训练实时监控表

训练内容	情绪识别—体验"讨厌"	训练日期	2019 年 7 月 6 日
训练项目	☐ 高兴 ☐ 生气 ☐ 难过 ☐ 害怕 ☐ 惊讶 ☒ 讨厌 ☐ 骄傲 ☐ 忌妒 ☐ 紧张 ☐ 内疚 ☐ 沮丧 ☐ 同情		
训练类型	☒ 体验 (☐ 感知)		

续表

题号/总题数	学习表现	具体学习表现（如需）
1/6	☑ A 完全符合（符合度≥70%） ☐ B 部分符合（30%≤符合度＜70%） ☐ C 有点符合（5%≤符合度＜30%） ☐ D 完全不符合（符合度＜5%）	
2/6	☑ A 完全符合（符合度≥70%） ☐ B 部分符合（30%≤符合度＜70%） ☐ C 有点符合（5%≤符合度＜30%） ☐ D 完全不符合（符合度＜5%）	
3/6	☐ A 完全符合（符合度≥70%） ☑ B 部分符合（30%≤符合度＜70%） ☐ C 有点符合（5%≤符合度＜30%） ☐ D 完全不符合（符合度＜5%）	
总体学习表现：		

表3-1-18填表说明：实时监控表填表的频率是每日1次，依据每日所训练的项目内容填写。"正确次数"记录的是康复对象在每一道练习题中做出正确选择的次数，"训练次数"是康复对象在该道练习题中做出选择的总次数。

表3-1-18 情绪识别—识别"讨厌"训练实时监控表

训练内容	情绪识别—识别"讨厌"	训练日期	2019年7月6日
训练项目	☐ 高兴　☐ 生气　☐ 难过　☐ 害怕　☐ 惊讶　☑ 讨厌 ☐ 骄傲　☐ 忌妒　☐ 紧张　☐ 内疚　☐ 沮丧　☐ 同情		
训练类型	识别（☑ 感知）		
题号/总题数	正确次数	训练次数	
1/12	1	2	
2/12	1	2	
3/12	1	2	
4/12	1	1	
5/12	1	2	
总正确率：5/9≈55.6%			

以个案亮亮的训练结果为例：

（1）体验"讨厌"训练：康复对象通过模仿，能够体会到"讨厌"的正确率还不够稳定，说明康复对象体验"讨厌"的能力仍然需要提升。

（2）识别"讨厌"训练：康复对象从多种表情中识别出"讨厌"的正确率为55.6%，说明康复对象识别"讨厌"的能力也需要提升。

（3）建议：康复对象需要长时间才能找出情绪线索，反应慢，识别"讨厌"的能力还无法完全掌握，建议在下次个别化康复训练中继续进行识别"讨厌"的训练，直至康复对象可从多种表情中快速地识别出"讨厌"情绪。

7. 家庭训练

康复师根据后测结果布置家庭康复处方作业，家长通过扫描二维码获得处方作业。第二天训练开始前家长将康复训练结果反馈给康复师，康复师结合上次康复训练后测结果和家庭康复训练结果决定本次课的前测内容和训练内容，依此循环往复。

8. 生活拓展指引

（1）让康复对象在不同的情境下体验"讨厌"。

（2）家长为康复对象拍一些表现出"讨厌""难过""生气""害怕"等情绪的照片，然后让康复对象从中识别出"讨厌"情绪的图片。

（3）家长拍一些他人（爸爸、妈妈等）表现出"讨厌""难过""生气""害怕"等情绪的照片，然后让康复对象从中识别出他人"讨厌"情绪的图片。

（六）其他复杂情绪

1. 康复目标与内容

（1）识别"同情"：能感知到人物（图片、视频中的人物或真人）"同情"的情绪状态。如看到视频"贝贝很同情小兰"，知道贝贝处于"同情"的情绪中。

（2）识别"忌妒"：能感知到人物（图片、视频中的人物或真人）"忌妒"的情绪状态。如看到视频"贝贝忌妒小兰"，知道贝贝处于"忌妒"的情绪中。

2. 训练准备

（1）自备材料。

① 感知和体验其他情绪：不同人物其他情绪的图片、音频和视频等。

② 识别其他情绪：多种情绪的图片、音频和视频等。

（2）推荐设备。

自闭与多动障碍干预仪软件—情绪干预—情绪识别—识别其他情绪（食药监办械管〔2015〕104号）。

（3）训练方法。

通过情境教学法，让康复对象感知"同情""忌妒"的情绪。

3. 实时监控

在情绪障碍的个别化康复训练过程中，用实时监控表记录康复对象训练前后其他复杂情绪识别情况。

第二节 情绪表达

教学课件
情绪表达实验内容
与操作步骤

情绪表达训练，旨在提高儿童利用面部表情、身体姿态和语调表情来合理表达情绪的能力，发展其社会适应性。其干预过程主要包括：情绪再认，儿童可根据不同情绪的表现特征（面部表情、身体姿态和语音语调），再认不同情境下的情绪；模仿表达，通过模仿他人的面部表情、身体姿态和语音语调，让儿童学习如何表达情绪；情境表达，创设不同的情绪场景，让儿童根据场景来表达相应的情绪；自由表达，让儿童在没有模仿对象和情境线索的情况下，自由表达情绪。

一、基本情绪表达

（一）高兴

1. 教学内容分析

对基本情绪"高兴"的表达，可分为3个课时进行教学：第1课时主要让康复对象通过面部表情表达"高兴"；第2课时主要让康复对象通过身体姿态表达出"高兴"情绪；第3课时主要让康复对象通过言语和语音语调表达出"高兴"情绪。

2. 教育康复目标

（1）能在不同情境下适当地表达"高兴"的情绪，能通过模仿表达、情境表达、自由表达的训练，在不同情境下用恰当的方式表达"高兴"的情绪。

（2）能运用多种方式表达"高兴"的情绪状态。如看到卡通图片"小虎吃鸡腿很高兴"，能够模仿小虎，做出和小虎一样的面部表情和身体姿态。

（3）能运用多种情绪的外部表现（面部表情、身体姿态、语音语调等），表达出"高兴"的情绪状态。如自主想象"高兴"的场景并做出3种不同的"高兴"的样子。

3. 教育康复重点、难点

（1）重点：能在不同情境下适当地表达"高兴"的情绪。

能通过观察人物的外部表现，模仿其"高兴"的面部表情。

（2）难点：能通过面部表情表达出"高兴"情绪。

4. 教育康复准备

（1）环境准备：个体教学教室，面积≥10平方米。

（2）教具准备：展现"高兴"情绪的图片和视频，能够引发康复对象"高兴"情绪的玩具，比如泡泡枪、荧光棒等。

① 模仿表达：展现"高兴"表情的图片、视频等。

② 情境表达：能引起康复对象"高兴"情绪的情景图片、实物等，如蛋糕的图片或者实物。

③ 自由表达：镜子等。

5. 教学过程

通过模仿法，让康复对象模仿图片、视频中人物"高兴"的情绪表现；通过创设情境法让康复对象表达"高兴"；通过问答法让康复对象自由表达"高兴"。

（1）兴趣导入：情绪再认。

场景：播放视频《娃娃笑》，或者播放康复治疗仪中的"情绪再认"内容（见图3-2-1），引导康复对象一起跟着跳舞和唱歌，营造欢快的气氛。

康复师和康复对象站成一排，面对电视机，康复师说："轩轩，现在我们来跟着视频里的姐姐唱唱歌，跳跳舞，好不好？"

① 完整观看多个不同情境下有关"高兴"的视频，让康复对象感受"高兴"的情绪。

② 仔细观看每一种情境下有关"高兴"的视频，让康复对象观察"高兴"时的面部表情。

③ 让康复对象描述"高兴"时的面部表情。

图 3-2-1　情绪再认—"高兴"

（2）教学新授。

① 模仿表达：表情模仿游戏。

A. 模仿人物（图片、视频中的角色或真人）"高兴"的情绪表现（面部表情、身体姿态、言语等）。如看到"贝贝高兴"的图片，模仿贝贝的表情。

康复师和康复对象站成一排，面对电视机，康复师说："轩轩，你看贝贝高兴地笑了，你学一学贝贝。"

B. 再次播放上述视频或者图片，让康复对象扮演视频中的角色，做和角色一样的表情。比如，播放"小虎吃鸡腿很高兴"的视频，然后给康复对象发一个鸡腿模型，让其模仿小虎，表达"高兴"的情绪。在扮演完成之后，询问康复对象："吃鸡腿时，你感到怎么样？"若康复对象不能做出"高兴"的表情，则给出提示。

② 情境表达：情境扮演游戏。

A. 根据特定的情境，表达"高兴"的情绪状态（面部表情、身体姿态、言语等），如场景"过生日吃蛋糕"，能用微笑着拍手来表达"高兴"。

康复师和康复对象站成一排，面对电视机，康复师说："轩轩，你看贝贝过生日的时候高兴地笑了，贝贝说'我太开心了'，你很开心的时候会怎么说？"

B. 再次更换场景，从吃蛋糕变成收礼物，请康复对象根据新的场景回答表达"高兴"的语句，并依据场景做出"高兴"的表情。

③ 自由表达：言语、姿态、表情。

脱离参考物，让康复对象自己描述一个场景，并且分别自主用面部表情、身体姿态、言语这三种形式表达"高兴"的情绪。

康复师："轩轩，你想一想什么时候你会很开心，你很开心的时候可以怎么说？"引导康复对象自由地表达。

6. 实时监控

表 3-2-1 适用于在情绪障碍的个别化康复训练中记录康复对象训练前后的基本情绪表达情况。填表说明：选择本次训练的情绪类别，并按照实际的训练日期填写该表格。在表格中勾选训练类型，并通过量化的方式判断该次情绪表达的准确程度。

表 3-2-1 情绪表达—表达"高兴"训练实时监控表

训练内容	情绪表达—表达"高兴"	训练日期	2019 年 7 月 6 日
训练项目	☑ 高兴　☐ 生气　☐ 难过　☐ 害怕　☐ 惊讶　☐ 讨厌 ☐ 骄傲　☐ 忌妒　☐ 紧张　☐ 内疚　☐ 沮丧　☐ 同情		
训练类型	☑ 模仿表达　☐ 情境表达　☐ 自由表达　（☐ 情绪再认）		
题号/总题数	学习表现	具体学习表现（如需）	
1/5	☐ A 完全符合（符合度≥70%） ☑ B 部分符合（30%≤符合度<70%） ☐ C 有点符合（5%≤符合度<30%） ☐ D 完全不符合（符合度<5%）		

续表

| 2/5 | ☐ A 完全符合（符合度≥70%）
☑ B 部分符合（30%≤符合度＜70%）
☐ C 有点符合（5%≤符合度＜30%）
☐ D 完全不符合（符合度＜5%） | |

题号/总题数	学习表现	具体学习表现（如需）
3/5	☐ A 完全符合（符合度≥70%） ☑ B 部分符合（30%≤符合度＜70%） ☐ C 有点符合（5%≤符合度＜30%） ☐ D 完全不符合（符合度＜5%）	

总体学习表现：

以个案轩轩的训练结果为例：

情境表达训练：康复对象在不同情境下可以表达"高兴"的正确率为33.3%，说明康复对象在表达"高兴"方面的能力还有待提升。

7. 家庭训练

康复师根据后测结果布置家庭康复处方作业，家长通过扫描二维码获得处方作业。第二天训练开始前家长将康复训练结果反馈给康复师，康复师结合上次康复训练后测结果和家庭康复训练结果决定本次课的前测内容和训练内容，依此循环往复。

8. 生活拓展指引

（1）给康复对象营造欢乐的氛围，比如带去游乐园、一起玩游戏等，让康复对象在不同的情境下练习表达"高兴"。

（2）家长给康复对象创造游戏的情境，让康复对象练习表达"高兴"。

（二）生气

1. 教学内容分析

对基本情绪"生气"的表达，可分为共3个课时进行教学：第1课时主要让康复对象通过面部表情表达"生气";第2课时主要让康复对象通过身体姿态表达出"生气"情绪;第3课时主要让康复对象通过言语表达出"生气"情绪。

2. 教育康复目标

(1)能在不同情境下适当地表达"生气"情绪,能通过模仿表达、情境表达、自由表达的训练,在不同情境下用恰当的方式表达"生气"。

(2)能运用多种方式表达"生气"的情绪状态。如看到图片"妈妈把最后两颗樱桃给了贝贝,小虎生气了!",能够模仿小虎,做出和小虎一样的面部表情和姿态。

(3)能运用多种情绪的外部表现(面部表情、身体姿态、语音语调等),表达出"生气"的情绪状态。如自主想象"生气"的场景并做出3种不同的"生气"的样子。

3. 教育康复重点、难点

(1)重点:能在不同情境下适当地表达"生气"情绪。

能通过观察人物的外部表现,模仿其"生气"的面部表情。

(2)难点:能通过面部表情表达"生气"情绪。

4. 教育康复准备

(1)环境准备:个体教学教室,面积≥10平方米。

(2)教具准备:展现"生气"情绪的图片和视频,能够引发康复对象"生气"情绪的玩具,比如泡泡枪、荧光棒等。

① 模仿表达:展现"生气"情绪的图片、视频等。

② 情境表达:能引起康复对象"生气"情绪的情境图片或者实物等。

③ 自由表达:镜子等。

5. 教学过程

通过模仿法,让康复对象模仿图片、视频中人物"生气"的情绪表现;通过创设情境法让康复对象表达"生气";通过问答法让康复对象自由表达"生气"。

（1）兴趣导入：情绪再认。

场景：播放视频《我有好东西》，引导康复对象一起跟着拍手并说"我有一个好东西——棒棒糖；我有一个好东西——贴纸"，营造欢快的气氛，并让儿童拿自己喜欢的物品；或者播放康复治疗仪中的"情绪再认"内容，观看视频，观察不同情境下人们表达生气情绪的不同方式。

康复师和康复对象面对面坐，辅课教师坐康复对象侧后方，康复师说："哇，我有一个好东西——棒棒糖，你们谁要？"（康复对象和辅课教师都说"我要"），辅课教师直接拿走康复师手里的糖。康复师立即对着康复对象说"×××老师把我的糖抢走了，我的心情怎么样？"康复对象说"生气"。

① 完整观看多个不同情境下有关"生气"的视频，让康复对象感受"生气"的情绪。

② 仔细观看每一种情境下有关"生气"的视频，让康复对象观察"生气"时的面部表情。

③ 让康复对象描述"生气"时的面部表情。

（2）教学新授。

① 模仿表达：表情模仿游戏。

A. 模仿人物（图片、视频中的角色或真人）"生气"的情绪表现（面部表情、身体姿态、言语等），如看到"贝贝生气"的图片，模仿贝贝的表情。

康复师和康复对象站成一排，面对电视机，康复师说："棋棋，你看贝贝生气了，你学一学贝贝。"

B. 再次播放上述每段视频，让康复对象扮演视频中的角色，做和角色一样的表情。比如，播放"小虎在客厅跑来跑去，打扰贝贝看动画片，贝贝生气了"的视频（见图3-2-2），然后康复师、辅课教师给康复对象做现场表演（可带着康复对象一起再现场景），康复师、辅课教师、康复对象轮流模仿贝贝表情，表达"生气"的情绪。在扮演完成之后，询问康复对象："×××在你看动画片时跑来跑去，你感到怎么样？"若康复对象不能表现出"生气"的表情，则给出提示。

图 3-2-2 模仿"生气"的表情

② 情境表达：情境扮演游戏。

A. 根据特定的情境，表达自己"生气"的情绪状态（面部表情、身体姿态、言语等），如场景"新衣服被弄脏了"，能用噘嘴的方式来表达"生气"。

康复师和康复对象站成一排，面对电视机，康复师说："棋棋，你看贝贝的新衣服被弄脏了，贝贝说我好生气！你很生气的时候可以怎么说？"

B. 再次更换场景，从"衣服被弄脏"变成"玩具被弄坏"，请康复对象根据新的场景回答表达"生气"的语句，并依据场景做出"生气"的表情。

③ 自由表达：言语、姿态、表情。

脱离参考物，让康复对象描述一个场景，并且分别自主用面部表情、身体姿态、言语这三种形式表达"生气"的情绪。

康复师："棋棋，你想一想什么时候你会很生气，你很生气的时候你可以怎么说？"引导康复对象自由地表达。

6. 实时监控

表 3-2-2 适用于在情绪障碍的个别化康复训练中记录儿童训练前后的基本情绪表达情况。填表说明：选择本次训练的情绪类别，并按照实际的训练日期填写该表格。在表格中勾选训练类型，并通过量化的方式判断该次情绪表达的准确程度。

表 3-2-2 情绪表达—表达"生气"训练实时监控表

训练内容	情绪表达—表达"生气"	训练日期	2019 年 7 月 6 日
训练项目	☐ 高兴 ☑ 生气 ☐ 难过 ☐ 害怕 ☐ 惊讶 ☐ 讨厌 ☐ 骄傲 ☐ 忌妒 ☐ 紧张 ☐ 内疚 ☐ 沮丧 ☐ 同情		
训练类型	☑ 模仿表达 ☐ 情境表达 ☐ 自由表达（☐ 情绪再认）		
题号/总题数	学习表现	具体学习表现（如需）	
1/5	☐ A 完全符合（符合度≥70%） ☑ B 部分符合（30%≤符合度＜70%） ☐ C 有点符合（5%≤符合度＜30%） ☐ D 完全不符合（符合度＜5%）		
2/5	☐ A 完全符合（符合度≥70%） ☑ B 部分符合（30%≤符合度＜70%） ☐ C 有点符合（5%≤符合度＜30%） ☐ D 完全不符合（符合度＜5%）		
3/5	☐ A 完全符合（符合度≥70%） ☑ B 部分符合（30%≤符合度＜70%） ☐ C 有点符合（5%≤符合度＜30%） ☐ D 完全不符合（符合度＜5%）		
总体学习表现：			

以个案棋棋的训练结果为例：

情境表达训练：康复对象在不同情境下可以表达"生气"的正确率为 33.3%，说明康复对象在表达"生气"方面的能力还有待提升。

7. 家庭训练

康复师根据后测结果布置家庭康复处方作业，家长通过扫描二维码获得处方作业。第二天训练开始前家长将康复训练结果反馈给康复师，康复师结合上次康复训练后测结果和家庭康复训练结果决定本次课的前测内容和训练内容，依此循环往复。

8. 生活拓展指引

（1）给康复对象营造可能会引发其"生气"情绪的小场景，比如"贴纸被拿走了""不给喜爱的棒棒糖""给了不喜欢的玩具车"等（注意不可长时间让康复对象处在"生气"的情绪中），让康复对象在不同的情境下练习表达"生气"。

（2）家长给康复对象创造游戏的情境，让康复对象练习表达"生气"。

（三）难过

1. 教学内容分析

对基本情绪"难过"的表达，可分为3个课时进行教学："第1课时主要让康复对象通过面部表情表达"难过"；第2课时主要让康复对象通过身体姿态表达出"难过"情绪；第3课时主要让康复对象通过言语表达出"难过"情绪。

2. 教育康复目标

（1）能在不同情境下适当地表达"难过"情绪，能通过模仿表达、情境表达、自由表达的训练，在不同情境下用恰当的方式表达"难过"。

（2）能运用多种方式表达"难过"的情绪状态。如看到图片"贝贝弹错琴被批评，贝贝很难过"，能够模仿贝贝，做出和贝贝一样的面部表情和身体姿态。

（3）能运用多种情绪的外部表现（面部表情、身体姿态、语音语调等），表达出"难过"的情绪状态。如自主想象"难过"的场景并做出3种不同的"难过"的样子。

3. 教育康复重点、难点

（1）重点：能在不同情境下适当地表达"难过"情绪。

能通过观察人物的外部表现，模仿其"难过"的面部表情。

（2）难点：能通过面部表情表达"难过"情绪。

4. 教育康复准备

（1）环境准备：个体教学教室，面积≥10平方米。

（2）教具准备：妈妈和孩子说"再见"的视频、展现"难过"情绪的图片和视频、纸巾和能够引发康复对象"难过"情绪的负性音乐。

① 模仿表达：展现"难过"情绪的图片、视频等。

② 情境表达：能引起康复对象"难过"情绪的情景图片或者实物等。

③ 自由表达：镜子等。

5. 教学过程

通过模仿法，让康复对象模仿图片、视频中人物"难过"的情绪表现；通过创设情境法让康复对象表达"难过"；通过问答法让康复对象自由表达"难过"。

（1）兴趣导入：情绪再认。

场景：播放视频《妈妈再见》和康复对象的妈妈说"再见"并转身的视频，引导康复对象用语言描述视频里的场景。

康复师和康复对象站成一排，面对电视机，康复师说："彤彤，妈妈和你说'再见'了，你会不会想妈妈？想不想哭？"

① 完整观看多个不同情境下有关"难过"的视频，让康复对象感受"难过"的情绪。

② 仔细观看每一种情境下有关"难过"的视频，让康复对象观察"难过"时的面部表情。

③ 让康复对象描述"难过"时的面部表情。

（2）教学新授。

① 模仿表达：表情模仿游戏。

A. 模仿人物（图片、视频中的角色或真人）"难过"的情绪表现（面部表情、身体姿态、言语等），如看到"贝贝难过"的图片，模仿贝贝的表情。

康复师和康复对象站成一排，面对电视机，康复师说："彤彤，你看贝贝好难过，你学一学贝贝。"

B. 再次播放上述每段视频，让康复对象扮演视频中的角色，做和角色一样的表情。比如，播放"小虎因为和朋友吵架难过地哭了"的视频，然后给康复对象发朋友吵架的图片，让其模仿小虎，体会小虎"难过"的情绪。在扮演完成之后，询问康复对象："吵架时，你感到怎么样？"若康复对象不能回答出"难过"，则给出提示。

② 情境表达：情境扮演游戏。

A. 根据特定的情境，表达自己"难过"的情绪状态（面部表情、身体姿态、言语等），如场景"贝贝最喜欢的冰淇淋掉到地上，她感觉怎么样？"（见图3-2-3），能用哭泣来表达"难过"。

康复师和康复对象站成一排，面对电视机，康复师说："彤彤，你看贝贝的冰淇淋掉到地上，贝贝说我好难过，你很难过的时候可以怎么说？"

B. 再次更换场景，从"冰淇淋掉到地上"变成"撞倒别人"，请康复对象根据新的场景回答表达"难过"的语句，并依据场景做出"难过"的表情。

③ 自由表达：言语、姿态、表情。

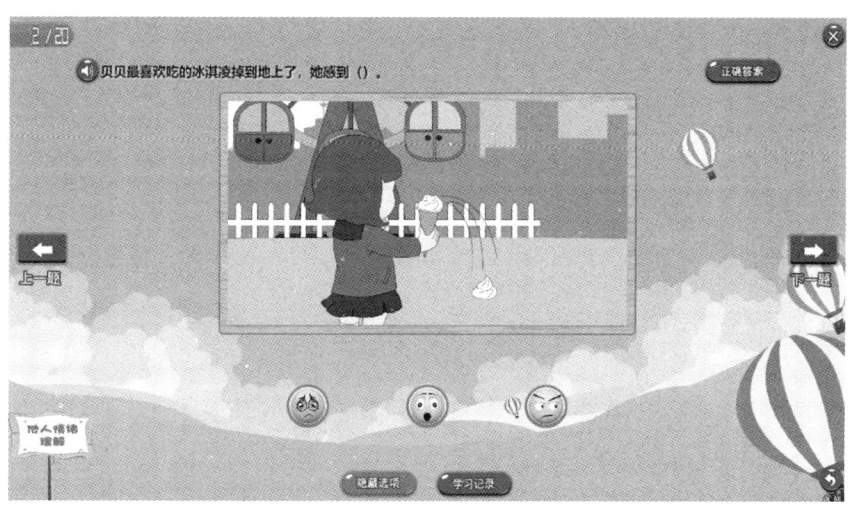

图 3-2-3 "难过"的情境表达

脱离参考物，让康复对象描述一个场景，并且分别自主用面部表情、身体姿态、言语这三种形式表达"难过"的情绪。

康复师："彤彤，当你难过的时候，你可以说什么？"引导康复对象自由地表达。

④ 康复师讲述，康复对象扮演。

由康复师讲述故事，康复对象扮演角色，表现出"难过"的表情；同时可对康复对象已掌握的其他表情进行考核。

6. 实时监控

表3-2-3适用于在情绪障碍的个别化康复训练中记录康复对象训练前

后的基本情绪表达情况。填表说明：选择本次训练的情绪类别，并按照实际的训练日期填写该表格。在表格中勾选训练类型，并通过量化的方式判断该次情绪表达的准确程度。

表 3-2-3 情绪表达—表达"难过"训练实时监控表

训练内容	情绪表达—表达"难过"	训练日期	2019年7月6日
训练项目	☐ 高兴　☐ 生气　☑ 难过　☐ 害怕　☐ 惊讶　☐ 讨厌 ☐ 骄傲　☐ 忌妒　☐ 紧张　☐ 内疚　☐ 沮丧　☐ 同情		
训练类型	☑ 模仿表达　☐ 情境表达　☐ 自由表达　（☐ 情绪再认）		
题号/总题数	学习表现	具体学习表现（如需）	
1/5	☐ A 完全符合（符合度≥70%） ☑ B 部分符合（30%≤符合度＜70%） ☐ C 有点符合（5%≤符合度＜30%） ☐ D 完全不符合（符合度＜5%）		
2/5	☐ A 完全符合（符合度≥70%） ☑ B 部分符合（30%≤符合度＜70%） ☐ C 有点符合（5%≤符合度＜30%） ☐ D 完全不符合（符合度＜5%）		
3/5	☐ A 完全符合（符合度≥70%） ☐ B 部分符合（30%≤符合度＜70%） ☑ C 有点符合（5%≤符合度＜30%） ☐ D 完全不符合（符合度＜5%）		
总体学习表现：能够有意识去模仿，但是表情不明显，且参与意识有待加强			

以个案彤彤的训练结果为例：

情境表达训练：康复对象在不同情境下表达"难过"的符合度较低，说明康复对象在表达"难过"方面的能力还有待提升。

7. 家庭训练

康复师根据后测结果布置家庭康复处方作业，家长通过扫描二维码获得处方作业。第二天训练开始前家长将康复训练结果反馈给康复师，康复师结合上次康复训练后测结果和家庭康复训练结果决定本次课的前测内容和训练内容，依此循环往复。

8. 生活拓展指引

（1）当康复对象出现"难过"情绪的时候，安慰康复对象；当康复对象情绪和缓，让其思考和表达刚刚是什么样的情绪，并可以告诉康复对象如何管理自己的情绪。

（2）家长给康复对象创造游戏的情境，家长示范在什么情境下会"难过"以及"难过"的样子，让康复对象练习运用多种方式表达"难过"。

（四）害怕

1. 教学内容分析

对基本情绪"害怕"的表达，可分为4个课时进行教学：第1课时主要让康复对象表达"害怕"，并且能够灵活地采用不同的方式表达"害怕"；第2课时主要让康复对象通过面部表情、身体姿态表达出"害怕"情绪；第3课时主要让康复对象通过语音语调表达出"害怕"情绪；第4课时让康复对象综合以上内容进行"害怕"情绪的综合表达。

2. 教育康复目标

（1）能在不同情境下适当地表达"害怕"情绪，通过模仿表达、情境表达、自由表达的训练，在不同情境下用恰当的方式表达"害怕"。

（2）能运用多种方式表达"害怕"的情绪状态。如看到图片"停电了，小虎躲在被窝里很害怕"，能够模仿小虎，做出和小虎一样的面部表情和身体姿态。

（3）能运用多种情绪的外部表现（面部表情、身体姿态、语音语调等），表达出"害怕"的情绪状态。如自主想象"害怕"的场景并做出3种不同的"害怕"的样子。

3. 教育康复重点、难点

（1）重点：能在不同情境下适当地表达出"害怕"情绪。

能通过观察人物的外部表现，模仿其"害怕"的面部表情。

（2）难点：能通过面部表情表达"害怕"情绪。

4. 教育康复准备

（1）环境准备：个体教学教室，面积≥10平方米。

（2）教具准备：展现"害怕"情绪的图片和视频，能够引发康复对象"害怕"情绪的故事，比如"巫婆让白雪公主吃毒苹果"等。

① 模仿表达：不同人物"害怕"情绪的图片、音频和视频等。

② 情境表达：令人"害怕"的童话/寓言故事等。

③ 自由表达：能引起康复对象"害怕"情绪的情景图片或者实物、镜子等。

5. 教学过程

通过模仿法，让康复对象模仿图片、视频中人物"害怕"的情绪表现；通过创设情境法让康复对象表达"害怕"；通过问答法让康复对象自由表达"害怕"。

（1）兴趣导入：情绪再认。

场景：播放康复治疗仪中的"情绪再认"，引导康复对象一起跟着视频逐渐融入场景，感受"害怕"的气氛。观看视频，观察在不同情境下的不同人物表达"害怕"情绪的不同方式。

康复师："小红，贝贝在商场里找不到妈妈了，她好害怕呀！你来说说她做了什么动作。"

小红："贝贝快哭了！手还捂住了嘴！"

康复师："小红，我们来看看，妈妈在厨房里看到了蟑螂，她很害怕。你来说说她做了什么动作。"

小红："妈妈害怕得张大了嘴、满头大汗。"

康复师："晚上家里停电了，小虎很害怕。他做了什么动作呢？"

小红："他躲进了被窝，还在发抖。"

康复师："一只大狼狗朝着妈妈吼叫，妈妈很害怕。她做了什么动作呢？"

小红："妈妈满头大汗，手抓在一起，还在往后退。"

（2）教学新授。

① 模仿表达：表情模仿游戏。

A. 模仿人物（图片、视频中的角色或真人）"害怕"的情绪表现（面部表情、身体姿态、言语等），如看到"贝贝害怕"的图片，模仿贝贝的表情。

康复师对康复对象说："小红，你看，小虎去医院打针，他很害怕。你来和小虎做一样的表情。"

B. 再次播放上述视频，让康复对象扮演视频中的角色，做和角色一样的表情。比如，播放"小虎在打针很害怕"的视频，然后康复师模仿护士，拿出仿真针（训练前让康复对象触摸过，让其知道这不是真的），让康复对象模仿小虎，表达"害怕"的情绪。在扮演完成之后，询问康复对象："打针时，你感到怎么样？"若康复对象不能表现出"害怕"的表情，则给出提示。

② 情境表达：情境扮演游戏。

A. 根据特定的情境，表达自己"害怕"的情绪状态（面部表情、身体姿态、言语等），如场景"遇到大狼狗"，康复对象能够用双手捂住耳朵、眼睛紧闭的动作来表达"害怕"。

康复师："小红，妈妈遇到大狼狗时害怕得握紧双手，你遇到大狗很害怕的时候会怎么做呢？"

B. 再次更换场景，从"遇到大狼狗"变成"怕黑"，请康复对象根据新的场景做出"害怕"的表情。

C. 再次更换场景，从"怕黑"变成"把别人的东西摔坏了"，请康复对象根据新的场景回答表达"害怕"时会说些什么并做出"害怕"的表情。

图 3-2-4 "害怕"的情境表达

③ 自由表达：言语、姿态、表情。

脱离参考物，让康复对象自己描述一个场景，并且分别自主用面部表情、身体姿态、言语这三种形式表达"害怕"的情绪。

康复师："小红，你想一想什么时候你会很害怕，你很害怕的时候你会做些什么？会说些什么？"引导康复对象自由地表达"害怕"的情绪。

6. 干预效果实时监控

表 3-2-4 适用于在情绪障碍的个别化康复训练中记录康复对象训练前后的基本情绪表达情况。填表说明：选择本次训练的情绪类别，并按照实际的训练日期填写该表格。在表格中勾选训练类型，并通过量化的方式判断该次表达的准确程度。

表 3-2-4 情绪表达—表达"害怕"训练实时监控表

训练内容	情绪表达—表达"害怕"	训练日期	2019 年 12 月 24 日
训练项目	☐ 高兴 ☐ 生气 ☐ 难过 ☑ 害怕 ☐ 惊讶 ☐ 讨厌 ☐ 骄傲 ☐ 忌妒 ☐ 紧张 ☐ 内疚 ☐ 沮丧 ☐ 同情		
训练类型	☑ 模仿表达　☐ 情境表达　☐ 自由表达　（☑ 情绪再认）		

题号/总题数	学习表现	具体学习表现（如需）
3/5	☑ A 完全符合（符合度≥70%） ☐ B 部分符合（30%≤符合度＜70%） ☐ C 有点符合（5%≤符合度＜30%） ☐ D 完全不符合（符合度＜5%）	
4/5	☐ A 完全符合（符合度≥70%） ☑ B 部分符合（30%≤符合度＜70%） ☐ C 有点符合（5%≤符合度＜30%） ☐ D 完全不符合（符合度＜5%）	
5/5	☐ A 完全符合（符合度≥70%） ☑ B 部分符合（30%≤符合度＜70%） ☐ C 有点符合（5%≤符合度＜30%） ☐ D 完全不符合（符合度＜5%）	
总体学习表现：		

以个案小红的训练结果为例：

模仿表达训练：康复对象在不同情境下可以模仿并表达"害怕"，总体来说部分符合正常情境，说明康复对象在模仿表达"害怕"方面的能力尚可，但仍有待提高，需要进一步的巩固训练。

7. 家庭训练

康复师根据后测结果布置家庭康复处方作业，家长通过扫描二维码获得处方作业。第二天训练开始前家长将康复训练结果反馈给康复师，康复师结合上次康复训练后测结果和家庭康复训练结果决定本次课的前测内容和训练内容，依此循环往复。

8. 生活拓展指引

（1）让康复对象想象"害怕"的场景，比如"家里停电""看见蜘蛛""摔碎瓶子"等，让康复对象在不同的情境下表达"害怕"的情绪。

（2）家长拍一些家庭成员（爸爸、妈妈等）表现出"高兴""难过""生气""害怕"等情绪的照片，并给康复对象创造"害怕"的情境，让康复对象练习表达"害怕"的情绪。

二、复杂情绪表达

（一）骄傲

1. 教学内容分析

对复杂情绪"骄傲"的表达，可分为3个课时进行教学：第1课时主要让康复对象通过面部表情表达"骄傲"；第2课时主要让康复对象通过身体姿态表达"骄傲"；第3课时主要让康复对象通过言语表达"骄傲"。

2. 教育康复目标

（1）能在不同情境下适当地表达"骄傲"情绪，能通过模仿表达、情境表达、自由表达的训练，在不同情境下用恰当的方式表达"骄傲"。

（2）能运用多种方式表达"骄傲"的情绪状态。如看到图片"小虎跑步得第一名",能够模仿小虎,做出和小虎一样的面部表情和姿态。

(3)能运用多种情绪的外部表现(面部表情、身体姿态、语音语调等)中,表达出"骄傲"的情绪状态。如自主想象"骄傲"的场景并做出3种不同的"骄傲"的样子。

3. 教育康复重点、难点

(1)重点:能在不同情境下适当地表达"骄傲"情绪。

能通过观察人物的外部表现,模仿其"骄傲"的面部表情。

(2)难点:能通过面部表情表达"骄傲"情绪。

4. 教育康复准备

(1)环境准备:个体教学教室,面积≥10平方米。

(2)教具准备:展现"骄傲"情绪的图片和视频,能够引发康复对象"骄傲"情绪的玩具,比如奖牌、小红花、满分试卷等。

① 模仿表达:展现"骄傲"情绪的图片、视频等。

② 情境表达:能引起康复对象"骄傲"情绪的情景图片或者实物等,如漂亮的新裙子、自己动手完成的模型等。

③ 自由表达:镜子等。

5. 教学过程

通过模仿法,让康复对象模仿图片、视频中人物"骄傲"的情绪表现;通过创设情境法让康复对象表达"骄傲";通过问答法让康复对象自由表达"骄傲"。

(1)兴趣导入:情绪再认。

场景:播放视频《运动会》,引导康复对象一起跟着加油,营造欢快活泼的气氛。观看视频,观察不同情境下人们表达"骄傲"情绪的不同方式。

康复师和康复对象站成一排,面对电视机,康复师说:"轩轩,现在我们来给视频里的哥哥姐姐加油,好不好?"

① 完整观看多个不同情境下有关"骄傲"的视频,让康复对象感受"骄傲"的情绪。

② 仔细观看每一种情境下有关"骄傲"的视频,让康复对象观察

"骄傲"时的面部表情。

③ 让康复对象描述"骄傲"时的面部表情。

（2）教学新授。

① 模仿表达：表情模仿游戏。

A. 模仿人物（图片、视频中的角色或真人）"骄傲"的情绪表现（面部表情、身体姿态、言语等），如看到"小虎骄傲"的图片，模仿小虎的表情。

康复师和康复对象站成一排，面对电视机，康复师说："轩轩，你看小虎骄傲地笑了，你学一学小虎。"

B. 再次播放上述每段视频，让康复对象扮演视频中的角色，做和角色一样的表情。比如，播放"小虎做了一个很复杂的飞机模型，他感到很骄傲"的视频，然后给康复对象发一个飞机模型，让其模仿小虎，表达"骄傲"的情绪。在扮演完成之后，询问康复对象："做了一个很复杂的飞机模型，你感到怎么样？"若康复对象不能表现出"骄傲"的表情，则给出提示。

② 情境表达：情境扮演游戏。

A. 根据特定的情境，表达自己"骄傲"的情绪状态（面部表情、身体姿态、言语等），如场景"拥有别人羡慕的东西"，能用"开心地转圈"等方式来表达"骄傲"。

康复师和康复对象站成一排，面对电视机，康复师说："轩轩，你看贝贝有一条很漂亮的新裙子，她在骄傲地转圈圈。你很骄傲的时候可以怎么说？"

B. 再次更换场景，从"有新裙子"变成"获得奖杯"，请康复对象根据新的场景回答表达"骄傲"的语句，并依据场景做出"骄傲"的表情。

③ 自由表达：言语、姿态、表情。

脱离参考物，让康复对象自己描述一个场景，并且分别自主用面部表情、身体姿态、言语这三种形式表达"骄傲"的情绪。

康复师："轩轩，你想一想什么时候你会很骄傲，你很骄傲的时候你可以怎么说？"引导康复对象自由地表达。

图 3-2-5 "骄傲"的自由表达

6. 实时监控

表 3-2-5 适用于在情绪障碍的个别化康复训练中记录康复对象训练前后的复杂情绪表达情况。填表说明：选择本次训练的情绪类别，并按照实际的训练日期填写该表格。在表格中勾选训练类型，并通过量化的方式判断该次情绪表达的准确程度。

表 3-2-5　情绪表达—表达"骄傲"实时监控表

训练内容	情绪表达—表达"骄傲"	训练日期	2019 年 7 月 6 日
训练项目	☐ 高兴　☐ 生气　☐ 难过　☐ 害怕　☐ 惊讶　☐ 讨厌 ☑ 骄傲　☐ 忌妒　☐ 紧张　☐ 内疚　☐ 沮丧　☐ 同情		
训练类型	☑ 模仿表达　☐ 情境表达　☐ 自由表达　（☐ 情绪再认）		
题号/总题数	学习表现	具体学习表现（如需）	
3/5	☐ A 完全符合（符合度≥70%） ☑ B 部分符合（30%≤符合度＜70%） ☐ C 有点符合（5%≤符合度＜30%） ☐ D 完全不符合（符合度＜5%）		
4/5	☐ A 完全符合（符合度≥70%） ☑ B 部分符合（30%≤符合度＜70%） ☐ C 有点符合（5%≤符合度＜30%） ☐ D 完全不符合（符合度＜5%）		

续表

题号/总题数	学习表现	具体学习表现（如需）
5/5	☐ A 完全符合（符合度≥70%） ☑ B 部分符合（30%≤符合度<70%） ☐ C 有点符合（5%≤符合度<30%） ☐ D 完全不符合（符合度<5%）	
总体学习表现：		

以个案轩轩的训练结果为例：

情境表达训练：康复对象在不同情境下可以表达"骄傲"的正确率为33.3%，说明康复对象在情境表达"骄傲"方面的能力还有待提升。

7. 家庭训练

康复师根据后测结果布置家庭康复处方作业，家长通过扫描二维码获得处方作业。第二天训练开始前家长将康复训练结果反馈给康复师，康复师结合上次康复训练后测结果和家庭康复训练结果决定本次课的前测内容和训练内容，依此循环往复。

8. 生活拓展指引

（1）给康复对象营造"骄傲"的氛围，比如经常鼓励表扬康复对象等，让康复对象在不同的情境下练习表达"骄傲"。

（2）家长给康复对象创造游戏的情境，让康复对象练习表达"骄傲"。

（二）紧张

1. 教学内容分析

对复杂情绪"紧张"的表达，可分为3个课时进行教学：第1课时主要让康复对象在情境下通过面部表情、肢体动作表达出"紧张"的心情；第2课时主要让康复对象在情境下通过口语、语气、语调表达出"紧张"的心情；第3课时主要让康复对象能够自主想象不同的"紧张"情境，并模仿做出"紧张"的样子。

2. 教育康复目标

（1）能在模拟情境下用面部表情、身体姿态表达出"紧张"，如站在台上表演时，会表情不安，走来走去，手搓手。

（2）能在模拟情境下使用适当语音语调表达"紧张"的情绪，如看到陌生人感到"紧张"时，会悄悄和父母说"我有点紧张"。

（3）能够自主想象3种"紧张"的场景，并做出"紧张"的样子。

3. 教育康复重点、难点

（1）重点：能在不同情境下适当地表达"紧张"情绪。

能在情境下用面部表情、身体姿态或者语音语调模仿其"紧张"的情绪。

（2）难点：能通过口语表达"紧张"。

4. 教育康复准备

（1）环境准备：个体教学教室，面积≥10平方米。

（2）教具准备：展现"紧张"情绪和其他情绪的图片和视频，如视频"小兔子和大灰狼的故事"等。

5. 教学过程

通过模仿法，让康复对象模仿图片、视频中人物"紧张"的情绪表现；通过创设情境法让康复对象表达"紧张"；通过问答法让康复对象自由表达"紧张"。

（1）兴趣导入：情绪再认。

场景：播放康复治疗仪中的"情绪再认"部分内容，引导康复对象一起感受"紧张"的气氛。观看视频，观察不同情境下人们表达"紧张"情绪的不同方式。

康复师和康复对象站成一排，面对电视机，康复师说："然然，现在我们来跟着视频里的姐姐做一做，学一学。"

① 完整观看多个不同情境下有关"紧张"的视频，让康复对象感受"紧张"的情绪。

② 仔细观看每一种情境下有关"紧张"的视频，让康复对象观察"紧张"时的面部表情、肢体动作。

③ 让康复对象在提示下描述"紧张"时的面部表情、肢体动作。

（2）教学新授。

① 模仿表达：情绪模仿游戏。

A. 模仿人物（图片、视频中的角色或真人）"紧张"的情绪表现（面部表情、身体姿态、言语等），如看到"贝贝紧张"的图片，模仿贝贝"紧张"的状态，手捏着衣角，手指放在嘴唇边上。

康复师和康复对象站成一排，面对电视机，康复师说："然然，你看贝贝非常紧张，你学一学贝贝紧张的样子。"

B. 再次播放上述每段视频，让康复对象扮演视频中的角色，做和角色一样的表情和动作。比如，播放"贝贝参加舞蹈比赛"的视频，然后给康复对象搭建一个舞蹈比赛的舞台，让其模仿贝贝即将上台的样子。在扮演完成之后，询问康复对象："你要上台唱歌跳舞了，你感到怎么样？"若康复对象不能表现出"紧张"的情绪，则给出提示。

② 情境表达：情境扮演游戏。

A. 根据特定的情境，表达自己"紧张"的情绪状态（面部表情、身体姿态、言语等），如场景"爸爸看比赛"，能用捏住拳头放在胸前的动作表达"紧张"。

康复师和康复对象站成一排，面对电视机，康复师说："然然，你看爸爸看比赛的时候非常紧张，你看比赛很紧张的时候，你可以怎么说？"

B. 再次更换场景，从"看比赛"变成"参加比赛"，再次模拟表演出"紧张"的样子，使用多种方式，包括面部表情、身体姿态、言语等。

③ 自由表达：言语、姿态、表情。

脱离参考物，让康复对象自己想象并描述一个场景，并且分别自主用面部表情、身体姿态、言语这三种形式表达"紧张"的情绪。

康复师："然然，你想一想什么时候你会很紧张，你很紧张的时候你可以怎么说？"引导康复对象自由地表达。

6. 实时监控

表3-2-6适用于在情绪障碍的个别化康复训练中记录康复对象训练前后的复杂情绪表达情况。填表说明：选择本次训练的情绪类别，并按照实际的训练日期填写该表格。在表格中勾选训练类型，并通过量化的方式判断

该次情绪表达的准确程度。

表 3-2-6 情绪表达—表达"紧张"训练实时监控表

训练内容	情绪表达—表达"紧张"	训练日期	2019 年 12 月 25 日
训练项目	☐ 高兴　☐ 生气　☐ 难过　☐ 害怕　☐ 惊讶　☐ 讨厌 ☐ 骄傲　☐ 忌妒　☑ 紧张　☐ 内疚　☐ 沮丧　☐ 同情		
训练类型	☑ 模仿表达　☐ 情境表达　☐ 自由表达（☐ 情绪再认）		
题号/总题数	学习表现	具体学习表现（如需）	
1/6	☐ A 完全符合（符合度≥70%） ☑ B 部分符合（30%≤符合度＜70%） ☐ C 有点符合（5%≤符合度＜30%） ☐ D 完全不符合（符合度＜5%）		
2/6	☐ A 完全符合（符合度≥70%） ☑ B 部分符合（30%≤符合度＜70%） ☐ C 有点符合（5%≤符合度＜30%） ☐ D 完全不符合（符合度＜5%）		
3/6	☐ A 完全符合（符合度≥70%） ☑ B 部分符合（30%≤符合度＜70%） ☐ C 有点符合（5%≤符合度＜30%） ☐ D 完全不符合（符合度＜5%）		
总体学习表现：			

以个案然然的训练结果为例：

情境表达训练：康复对象在不同情境下可以表达"紧张"的正确率为 33.3%，说明康复对象在表达"紧张"方面的能力还有待提升。

7. 家庭训练

康复师根据后测结果布置家庭康复处方作业，家长通过扫描二维码获得处方作业。第二天训练开始前家长将康复训练结果反馈给康复师，康复师结合上次康复训练后测结果和家庭康复训练结果决定本次课的前测内容和训练内容，依此循环往复。

8. 生活拓展指引

（1）在生活中，康复对象出现"紧张"情绪的时候，父母及时引导帮助康复对象表达自己的"紧张"情绪，比如看到陌生人的时候，康复对象感到"紧张"躲在家长后面，可以引导康复对象表达"妈妈，我有点紧张"。

（2）家长和康复对象在家中玩角色扮演和想象游戏，想象会引起"紧张"情绪的情境，并用合适方式表演"紧张"的情绪。

（三）沮丧

1. 教学内容分析

对复杂情绪"沮丧"的表达，可分为3个课时进行教学：第1课时主要让康复对象通过面部表情表达"沮丧"；第2课时主要让康复对象通过身体姿态表达"沮丧"；第3课时主要让康复对象通过言语表达"沮丧"。

2. 教育康复目标

（1）能在不同情境下适当地表达"沮丧"情绪，能通过模仿表达、情境表达、自由表达的训练，在不同情境下用恰当的方式表达"沮丧"。

（2）能运用多种方式表达"沮丧"的情绪状态。如看到图片"小虎比赛输了很沮丧"，能够模仿小虎，做出和小虎一样的面部表情和姿态。

（3）能运用多种情绪的外部表现（面部表情、身体姿态、言语等），表达出"沮丧"的情绪状态。如自主想象"沮丧"的场景并做出3种不同的"沮丧"的样子。

3. 教育康复重点、难点

（1）重点：能在不同情境下适当地表达"沮丧"情绪。

能通过观察人物的外部表现，模仿其"沮丧"的表情。

（2）难点：能通过面部表情表达"沮丧"。

4. 教育康复准备

（1）环境准备：个体教学教室，面积≥10平方米。

（2）教具准备：展现"沮丧"情绪的图片和视频，能够引发康复对象"沮丧"情绪的玩具，比如摞得高高的作业本、考砸了的试卷等。

① 模仿表达：展现"沮丧"情绪的图片、视频等。

② 情境表达：能引起康复对象"沮丧"情绪的情境图片或者实物等，如"得不到可乐"的图片或者实物。

③ 自由表达：镜子等。

5. 教学过程

通过模仿法，让康复对象模仿图片、视频中人物"沮丧"的情绪表现；通过创设情境法让康复对象表达"沮丧"；通过问答法让康复对象自由表达"沮丧"。

（1）兴趣导入。

场景：播放视频《小小少年》，营造"沮丧"的气氛。

康复师和康复对象站成一排，面对电视机，康复师说："童童，现在我们来跟着视频里的哥哥唱唱歌，好不好？"

① 完整观看多个不同情境下有关"沮丧"的视频，让康复对象感受"沮丧"的情绪。

② 仔细观看每一种情境下有关"沮丧"的视频，让康复对象观察"沮丧"时的面部表情。

③ 让康复对象描述"沮丧"时的面部表情。

（2）教学新授。

① 模仿表达：表情模仿游戏。

A. 模仿人物（图片、视频中的角色或真人）"沮丧"的情绪表现（面部表情、身体姿态、言语等），如模仿图片中小虎"沮丧"的表情。

康复师和康复对象站成一排，面对电视机，康复师说："童童，你看小虎沮丧地叹气了，童童学一学小虎。"

B. 再次播放上述视频或者图片，让康复对象扮演视频中的角色，做和角色一样的表情。比如，播放"爸爸不让小虎喝可乐"的视频，然后让康复对象看到可乐被收起来，让康复对象模仿小虎，表达"沮丧"的情绪。在扮演完成之后，询问康复对象："不让喝可乐时，你感到怎么样？"若康复对象不能表现出"沮丧"的表情，则给出提示。

② 情境表达：情境扮演游戏。

A. 根据特定的情境，表达自己"沮丧"的情绪状态（面部表情、身体姿态、言语等），如场景"没有吃到想吃的食物"，能用低着头叹气来表达"沮丧"。

康复师和康复对象站成一排，面对电视机，康复师说："童童，你看，贝贝没有吃到想吃的食物时沮丧地叹气了，贝贝说'我太难过了'，你很沮丧的时候可以怎么说？"

B. 再次更换场景，从"吃不到食物"变成"比赛输了"，请康复对象根据新的场景回答表达"沮丧"的语句，并依据场景做出"沮丧"的表情。

③ 自由表达：言语、姿态、表情。

脱离参考物，让康复对象自己描述一个场景，并且分别自主用面部表情、身体姿态、言语这三种形式表达沮丧的情绪。

康复师："童童，你想一想什么时候你会很沮丧，你很沮丧的时候你可以怎么说？"引导康复对象自由地表达。

6. 实时监控

表 3-2-7 适用于在情绪障碍的个别化康复训练中记录康复对象训练前后的复杂情绪表达情况。填表说明：选择本次训练的情绪类别，并按照实际的训练日期填写该表格。在表格中勾选训练类型，并通过量化的方式判断该次情绪表达的准确程度。

表 3-2-7 情绪表达—表达"沮丧"训练实时监控表

训练内容	情绪表达—表达"沮丧"	训练日期	2019 年 12 月 23 日
训练项目	☐ 高兴 ☐ 生气 ☐ 难过 ☐ 害怕 ☐ 惊讶 ☐ 讨厌 ☐ 骄傲 ☐ 忌妒 ☐ 紧张 ☐ 内疚 ☑ 沮丧 ☐ 同情		
训练类型	☑ 模仿表达 ☐ 情境表达 ☐ 自由表达 （☐ 情绪再认）		
题号/总题数	学习表现	具体学习表现（如需）	
1/5	☑ A 完全符合（符合度 ≥ 70%） ☐ B 部分符合（30% ≤ 符合度 < 70%） ☐ C 有点符合（5% ≤ 符合度 < 30%） ☐ D 完全不符合（符合度 < 5%）		
2/5	☑ A 完全符合（符合度 ≥ 70%） ☐ B 部分符合（30% ≤ 符合度 < 70%） ☐ C 有点符合（5% ≤ 符合度 < 30%） ☐ D 完全不符合（符合度 < 5%）		

续表

题号/总题数	学习表现	具体学习表现（如需）
3/5	☑ A 完全符合（符合度≥70%） ☐ B 部分符合（30% 小于符合度＜70%） ☐ C 有点符合（5%≤符合度＜30%） ☐ D 完全不符合（符合度＜5%）	
总体学习表现：个案模仿能力较强，能在不同情境下模仿他人表达出沮丧的情绪		

以个案童童的训练结果为例：

情境表达训练：康复对象在不同情境下可以表达"沮丧"的正确率为 33.3%，说明康复对象在表达"沮丧"方面的能力还有待提升。

7. 家庭训练

康复师根据后测结果布置家庭康复处方作业，家长通过扫描二维码获得处方作业。第二天训练开始前家长将康复训练结果反馈给康复师，康复师结合上次康复训练后测结果和家庭康复训练结果决定本次课的前测内容和训练内容，依此循环往复。

8. 生活拓展指引

（1）为康复对象故意营造"沮丧"的情境，比如答应带康复对象去游乐园、一起玩游戏等，然后反悔，让康复对象在不同的情境下体验"沮丧"，但在康复对象体验"沮丧"后，要履行承诺。

（2）家长给康复对象创造游戏的情境，让康复对象练习表达"沮丧"。

（四）内疚

1. 教学内容分析

对复杂情绪"内疚"的表达，可分为 3 个课时进行教学：第 1 课时主要让康复对象通过面部表情表达"内疚"；第 2 课时主要让康复对象通过身体姿态表达"内疚"；第 3 课时主要让康复对象通过言语表达"内疚"。

2. 教育康复目标

（1）能在不同情境下适当地表达"内疚"情绪，能通过模仿表达、情境表达、自由表达的训练，在不同情境下用恰当的方式表达"内疚"。

（2）能运用多种方式表达"内疚"的情绪状态。如看到图片"小虎不小心把幼儿园的玩具弄坏了，他感到很内疚"，能够模仿小虎，做出和小虎一样的面部表情和姿态。

（3）能运用多种情绪的外部表现（面部表情、身体姿态、言语等），表达"内疚"的情绪状态。如自主想象"内疚"的场景并做出3种不同的"内疚"的样子。

3. 教育康复重点、难点

（1）重点：能在不同情境下适当地表达"内疚"情绪。

能通过观察人物的外部表现，模仿其"内疚"的面部表情。

（2）难点：能通过面部表情表达"内疚"。

4. 教育康复准备

（1）环境准备：个体教学教室，面积≥10平方米。

（2）教具准备：展示"内疚"情绪的图片和视频，能够引发康复对象"内疚"情绪的玩具，比如泡泡枪、荧光棒等。

① 模仿表达：展示"内疚"情绪的图片、视频等。

② 情境表达：能引起康复对象"内疚"情绪的情境图片或者实物等。

③ 自由表达：镜子等。

5. 教学过程

通过模仿法，让康复对象模仿图片、视频中人物"内疚"的情绪表现；通过创设情境法让康复对象表达"内疚"；通过问答法让康复对象自由表达"内疚"。

（1）兴趣导入：情绪再认。

场景：播放视频《小虎把弟弟撞倒了》，或者播放康复治疗仪中的"情绪再认"内容，引导康复对象感受弟弟难过和小虎内疚的心情。观看视频，观察不同情境下的人物表达"内疚"情绪的不同方式。

康复师和康复对象站成一排，面对电视机，康复师说："轩轩，小虎把弟弟撞倒了，他做得对吗？"

① 完整观看多个不同情境下有关"内疚"的视频，让康复对象感受"内疚"的情绪。

② 仔细观看每一种情境下有关"内疚"的视频，让康复对象观察"内疚"时的面部表情。

③ 让康复对象描述"内疚"时的面部表情。

（2）教学新授。

① 模仿表达：表情模仿游戏。

A. 模仿人物（图片、视频中的角色或真人）"内疚"的情绪表现（面部表情、身体姿态、言语等），如看到"贝贝内疚"的图片，模仿贝贝的表情。

康复师和康复对象站成一排，面对电视机，康复师说："轩轩，你看，贝贝很内疚，轩轩学一学贝贝。"

B. 再次播放上述每段视频，让康复对象扮演视频中的角色，做和角色一样的表情。比如，播放"小虎不小心把幼儿园的玩具弄坏了，他感到很内疚"的视频，然后给康复对象发一个弄坏的玩具，让其模仿小虎，表达"内疚"的情绪。在扮演完成之后，询问康复对象："把玩具弄坏时，你感到怎么样？"若康复对象不能表现出"内疚"的表情，则给出提示。

② 情境表达：情境扮演游戏。

A. 根据特定的情境，表达自己"内疚"的情绪状态（面部表情、身体姿态、言语等），如场景"弄坏玩具"，能用"难过地拿着玩具"来表达"内疚"。

康复师和康复对象站成一排，面对电视机，康复师说："轩轩，你看贝贝把玩具弄坏了，他很内疚。你很内疚的时候可以怎么说？"

B. 再次更换场景，从"弄坏玩具"变成"把妈妈的香水打翻"，请康复对象根据新的场景回答表达"内疚"的语句，并依据场景做出"内疚"的表情。

③ 自由表达：言语、姿态、表情。

脱离参考物，让康复对象自己描述一个场景，并且分别自主用面部表情、身体姿态、言语这三种形式表达"内疚"的情绪。

康复师："轩轩，你想一想什么时候你会很内疚，你很内疚的时候可以怎么说？"引导康复对象自由地表达。

6. 实时监控

表 3-2-8 适用于在情绪障碍的个别化康复训练中记录康复对象训练前后的复杂情绪表达情况。填表说明：选择本次训练的情绪类别，并按照实际的训练日期填写该表格。在表格中勾选训练类型，并通过量化的方式判断该次情绪表达的准确程度。

表 3-2-8 情绪表达—表达"内疚"训练实时监控表

训练内容	情绪表达—表达"内疚"	训练日期	2019 年 7 月 6 日
训练项目	☐ 高兴　☐ 生气　☐ 难过　☐ 害怕　☐ 惊讶　☐ 讨厌 ☐ 骄傲　☐ 忌妒　☐ 紧张　☑ 内疚　☐ 沮丧　☐ 同情			
训练类型	☑ 模仿表达　☐ 情境表达　☐ 自由表达　（☐ 情绪再认）			
题号/总题数	学习表现		具体学习表现（如需）	
1/5	☐ A 完全符合（符合度≥70%） ☑ B 部分符合（30%≤符合度<70%） ☐ C 有点符合（5%≤符合度<30%） ☐ D 完全不符合（符合度<5%）			
2/5	☐ A 完全符合（符合度≥70%） ☑ B 部分符合（30%≤符合度<70%） ☐ C 有点符合（5%≤符合度<30%） ☐ D 完全不符合（符合度<5%）			
3/5	☐ A 完全符合（符合度≥70%） ☑ B 部分符合（30%≤符合度<70%） ☐ C 有点符合（5%≤符合度<30%） ☐ D 完全不符合（符合度<5%）			
总体学习表现：				

以个案轩轩的训练结果为例：

情境表达训练：康复对象在不同情境下可以表达"内疚"的正确率为33.3%，说明康复对象在表达"内疚"方面的能力还有待提升。

7. 家庭训练

康复师根据后测结果布置家庭康复处方作业，家长通过扫描二维码获得处方作业。第二天训练开始前家长将康复训练结果反馈给康复师，康复师结合上次康复训练后测结果和家庭康复训练结果决定本次课的前测内容和训练内容，依此循环往复。

8. 生活拓展指引

（1）在康复对象做错事情时，引导康复对象表达"内疚"。
（2）家长给康复对象创造游戏的情境，让康复对象练习表达"内疚"。

（五）讨厌

1. 教学内容分析

对复杂情绪"讨厌"的表达，可分为3个课时：第1课时主要让康复对象通过面部表情表达"讨厌"；第2课时主要让康复对象通过身体姿态表达"讨厌"；第3课时主要让康复对象通过言语和语音语调表达"讨厌"。

2. 教育康复目标

（1）能在不同情境下适当地表达"讨厌"情绪，能通过模仿表达、情境表达、自由表达的训练，在不同情境下用恰当的方式表达"讨厌"。
（2）能运用多种方式表达"讨厌"的情绪状态。如看到图片"窗外一直哐哐响，妈妈真讨厌这声音啊"，能够模仿图片里的妈妈，做出和她一样的面部表情和姿态。
（3）能运用多种情绪的外部表现（面部表情、身体姿态、言语等），表达出"讨厌"的情绪状态。如自主想象"讨厌"的场景并做出3种不同的"讨厌"的样子。

3. 教育康复重点、难点

（1）重点：能在不同情境下适当地表达"讨厌"情绪。
能通过观察人物的外部表现，模仿其"讨厌"的面部表情。
（2）难点：能通过面部表情表达"讨厌"。

4. 教育康复准备

（1）环境准备：个体教学教室，面积≥10平方米。

（2）教具准备：展现"讨厌"情绪的图片和视频，能够引发康复对象"讨厌"情绪的玩具。

① 模仿表达：展现"讨厌"情绪的图片、视频等。

② 情境表达：能引起康复对象"讨厌"情绪的情境图片或者实物等。

③ 自由表达：镜子等。

5. 教学过程

通过模仿法，让康复对象模仿图片、视频中人物"讨厌"的情绪表现；通过创设情境法让康复对象表达"讨厌"；通过问答法让康复对象自由表达"讨厌"。

（1）兴趣导入：情绪再认。

场景：播放视频《讨厌的客人》，或者播放康复治疗仪中的"情绪再认"内容，引导康复对象进入视频情境中。观看视频，观察不同情境下的人们表达"讨厌"情绪的不同方式。

康复师和康复对象站成一排，面对电视机，康复师说："亮亮，现在我们来看看，小虎家有人来做客啦！"

① 完整观看多个不同情境下有关"讨厌"的视频，让康复对象感受"讨厌"的情绪。

② 仔细观看每一种情境下有关"讨厌"的视频，让康复对象观察"讨厌"时的面部表情。

③ 让康复对象描述"讨厌"的面部表情。

（2）教学新授。

① 模仿表达：表情模仿游戏。

A. 模仿人物（图片、视频中的角色或真人）"讨厌"的情绪表现（面部表情、身体姿态、言语等），如看到"贝贝讨厌"图片，模仿贝贝的表情。

康复师和康复对象站成一排，面对电视机，康复师说："亮亮，你看小虎讨厌地皱起了眉头，你学一学小虎。"（见图3-2-6）

B. 再次播放上述每段视频，让康复对象扮演视频中的角色，体会"讨厌"情绪。比如，播放"窗外一直哐哐响，妈妈真讨厌这声音啊"的视频，然后康复师在窗外发出哐哐响的声音，让康复对象模仿视频里的妈妈，体会其"讨厌"的情绪。在扮演完成之后，询问康复对象："窗外哐哐响的声音，你感到怎么样？"若康复对象不能回答出"讨厌"，则给出提示。

图 3-2-6　模仿"讨厌"的表情

② 情境表达：情境扮演游戏。

A. 根据特定的情境，表达自己"讨厌"的情绪状态（面部表情、身体姿态、语音语调、语言等），如场景"有人随地吐痰"，能用皱眉头来表达"讨厌"。

康复师和康复对象站成一排，面对电视机，康复师说："亮亮，你看，小虎看到别人吐痰的时候很讨厌，皱起了眉头，你很看到讨厌的事情的时候会怎么做？"

B. 再次更换场景，更换场景，如"贝贝讨厌房间里很乱"，请康复对象根据新的场景回答贝贝怎么了，并依据场景做出"讨厌"的表情。

③ 自由表达：言语、姿态、表情。

脱离参考物，让康复对象自己描述一个场景，并且分别自主用面部表情、身体姿态、言语这三种形式表达"讨厌"的情绪。

康复师："亮亮，你想一想有哪些事情让你觉得讨厌，你讨厌一件事情的时候会怎么做？"引导康复对象自由地表达。

6. 实时监控

表 3-2-9 适用于在情绪障碍的个别化康复训练中记录康复对象训练前后的基本情绪表达情况。填表说明：选择本次训练的情绪类别，并按照实际的训练日期填写该表格。在表格中勾选训练类型，并通过量化的方式判断该次情绪表达的准确程度。

表 3-2-9　情绪表达—表达"讨厌"训练实时监控表

训练内容	情绪表达—表达"讨厌"	训练日期	2019 年 7 月 6 日
训练项目	☐ 高兴　☐ 生气　☐ 难过　☐ 害怕　☐ 惊讶　☑ 讨厌 ☐ 骄傲　☐ 忌妒　☐ 紧张　☐ 内疚　☐ 沮丧　☐ 同情		
训练类型	☑ 模仿表达　☐ 情境表达　☐ 自由表达　（☐ 情绪再认）		
题号/总题数	学习表现	具体学习表现（如需）	
1/5	☐ A 完全符合（符合度≥70%） ☑ B 部分符合（30%≤符合度<70%） ☐ C 有点符合（5%≤符合度<30%） ☐ D 完全不符合（符合度<5%）		
2/5	☐ A 完全符合（符合度≥70%） ☑ B 部分符合（30%≤符合度<70%） ☐ C 有点符合（5%≤符合度<30%） ☐ D 完全不符合（符合度<5%）		
3/5	☐ A 完全符合（符合度≥70%） ☑ B 部分符合（30%≤符合度<70%） ☐ C 有点符合（5%≤符合度<30%） ☐ D 完全不符合（符合度<5%）		
总体学习表现：			

以个案亮亮的训练结果为例：

情境表达训练：康复对象在不同情境下可以表达"讨厌"的正确率为 33.3%，说明康复对象在表达"讨厌"方面的能力还有待提升。

7. 家庭训练

康复师根据后测结果布置家庭康复处方作业，家长通过扫描二维码获得处方作业。第二天训练开始前家长将康复训练结果反馈给康复师，康复师结合上次康复训练后测结果和家庭康复训练结果决定本次课的前测内容和训练内容，依此循环往复。

8. 生活拓展指引

（1）让康复对象在不同的情境下练习表达"讨厌"。

（2）家长给康复对象创造游戏的情境，让康复对象练习表达"讨厌"。

（六）其他复杂情绪

1. 康复目标与内容

能通过模仿表达、情境表达、自由表达的训练，在不同情境下用恰当的方式表达较复杂的情绪，比如"忌妒""同情"等。

（1）表达"忌妒"。

能用恰当的方式（面部表情、身体姿态、言语等）表达"忌妒"的情绪，如场景"同学有自己想要的新文具"，能表现出"忌妒"的情绪。

（2）表达"同情"。

能用恰当的方式（面部表情、身体姿态、言语等）表达"同情"的情绪，如场景"好朋友摔倒了"，能表现出"同情"的情绪。

2. 康复训练建议

（1）训练准备。

自备材料：展现"忌妒""同情"情绪的图片、视频等。

（2）推荐设备。

自闭与多动障碍干预仪软件—情绪干预—情绪识别—表达其他复杂情绪（食药监办械管〔2015〕104号）。

（3）训练方法。

通过模仿法，让康复对象模仿图片、视频中人物"忌妒""同情"等情绪；通过创设情境法让康复对象表达"忌妒""同情"等情绪；通过问答法让康复对象自由表达"忌妒""同情"等情绪。

3. 实时监控

在情绪障碍的个别化康复训练过程中，用实时监控表记录康复对象训练前后其他复杂情绪表达情况。

PART 3

第三节

情绪理解

情绪理解是人们日常情绪交流和社会适应的基础，也是个体早期发展和社会适应是否良好的判断指标。情绪认知部分的情绪理解训练旨在加强儿童对情绪情景及情绪原因的理解：通过自我情绪理解和他人情绪理解的训练，提高儿童情绪情景理解的能力，从而促进儿童社会交往等能力的发展；通过场景推理和联想推理的训练，提高儿童情绪原因理解的能力，从而促进儿童社会交往等能力的发展。

教学课件

情绪理解实验内容与操作步骤

一、情景推理

能推断不同情景中自己和他人会产生的情绪，包括"高兴""生气""难过""害怕"等情绪；能根据不同情景，推断他人产生情绪（"高兴""生气""难过""害怕"等情绪）的原因；能根据特定情绪，推断可能引发该情绪的情景。

1. 高兴

能推断不同情景中自己和他人的情绪状态，如在情景"你被妈妈表扬了"中，能推断出"我感到高兴"；在情景"小明来小虎家做客"中，能推断出"小虎感到很高兴"。

2. 生气

能推断不同情景中自己和他人的情绪状态，如在情景"我的钢笔被人拿走了"中，能推断出"我感到生气"；在情景"小虎的书被贝贝撕坏了"

中，能推断出"小虎感到生气"。

3. 难过

能推断不同情景中自己和他人的情绪状态，如在情景"我的书包丢了"中，能推断出"我很难过"；在情景"贝贝的冰淇淋掉到地上"中，能推断出"贝贝很难过"。

4. 害怕

能推断不同情景中自己和他人的情绪状态，如在情景"我找不到妈妈了"中，能推断出"我感到害怕"；在情景"贝贝遇见一条大狗"中，能推断出"贝贝很害怕"。

5. 其他情绪

能推断不同情景中自己和他人的较复杂的情绪，包括"惊讶""骄傲""忌妒""紧张""内疚""沮丧""同情"等情绪状态。

（1）训练准备。

自备材料：展现特定情景的图片、视频，如妈妈竖起拇指的照片、被撕坏了的书的照片等。

（2）推荐设备。

自闭与多动障碍干预仪软件—情绪干预—情绪识别—情绪理解—情景推理、行为干预—社会交往—早期社会交往—你知道别人的感受吗？（食药监办械管〔2015〕104号）。

（3）训练方法。

通过创设情境法让康复对象根据所展示的情景（"被妈妈表扬"等），来推断自己或他人的情绪状态（比如"高兴"等）。

6. 实时监控

表3-3-1适用于在情绪障碍的个别化康复训练过程中记录康复对象训练前后的情绪情景理解情况。填表说明：实时监控表填表的频率是每日1次，依据每日所训练的项目内容填写。"正确次数"记录的是康复对象在每一道练习题中做出正确选择的次数，"训练次数"是康复对象在该道练

习题中做出选择的总次数。

表 3-3-1 情绪情景理解训练实时监控表

训练内容	情绪情景理解		训练日期	2019 年 7 月 8 日
训练项目	☑ 自我情绪理解　　□ 他人情绪理解			
题号 / 总题数	正确次数		训练次数	
1/15	1		2	
2/15	1		1	
3/15	1		1	
4/15	1		2	
5/12	1		2	
总正确率：5/8 = 62.5%				

以个案训练结果为例：

（1）通过自我情绪理解训练，康复对象对自我情绪理解的正确率达到 62.5% 的通过标准。

（2）建议：康复对象对自我情绪理解掌握不牢固，在个别化康复训练中往往需要较长时间才能获得正确回应，在家庭康复训练中，可以对该模块进行加强和巩固；康复对象的训练结果显示其已经达到了情绪理解的通过标准，故下一次个体训练中，可以开展新阶段"他人情绪理解"的康复训练。

二、归因推理

1. 高兴

能根据不同情景，推断他人"高兴"的原因；能根据"高兴"情绪，推断引发"高兴"的情景。如在情景"家人给小虎过生日"中，能推断出"小虎感到高兴，因为他过生日了"；根据"贝贝感到高兴"，能从多张图片中选出"贝贝高兴"的那张图片——"妈妈给贝贝买了新衣服"。

2. 生气

能根据不同情景，推断他人"生气"的原因；能根据"生气"情绪，推断引发"生气"的情景。如在情景"贝贝打碎了花瓶"中，能推断出"妈妈感到生气，因为贝贝打碎了花瓶"；根据"小兰感到生气"，能从多张图片中选出"小兰生气"的那张图片——"小兰的新衣服被别人弄脏了"。

3. 难过

能根据不同情景，推断他人"难过"的原因；能根据"难过"情绪，推断引发"难过"的情景。如在情景"妈妈出差"中，能推断出"贝贝感到难过，因为要和妈妈分开"；根据"小虎感到难过"，能从多张图片中选出"小虎难过"的那张图片——"妈妈要出差了"。

4. 害怕

能根据不同情景，推断他人"害怕"的原因；能根据"害怕"情绪，推断引发"害怕"的情景。如在情景"马路急刹车"中，能推断出"贝贝感到害怕，因为差点被车撞到"；根据"小虎感到害怕"，能从多张图片中选出"小虎害怕"的那张图片——"打雷了，小虎一个人在家"。

5. 其他情绪

能根据不同情景，推断其他复杂情绪产生的原因；能根据某种复杂情绪，推断引发此情绪的场景。复杂情绪状态包括"惊讶""骄傲""忌妒""紧张""内疚""沮丧""同情"等。如根据"小兰感到忌妒"，能选出场景"贝贝得了第一名"。

（1）训练准备。

自备材料：展示表情和发生情景的图片、视频，如"小虎过生日很开心"的照片等。

（2）推荐设备：自闭与多动障碍干预仪软件—情绪干预—情绪外部调节（食药监办械管〔2015〕104号）。

（3）训练方法：通过创设情境法，让康复对象根据所展示的情景，推断引起人物相应情绪的原因；通过辨别法让康复对象选出引起人物相应情绪的情景。

6. 实时监控

表 3-3-2 适用于在情绪障碍的个别化康复训练过程中记录康复对象训练前后的情绪原因理解情况。填表说明：选择本次训练内容中最具代表性的 3 道题作为前测，并记录前测的正确率，训练结束之后，再对这 3 道最具有代表性的题目进行后测，并记录后测正确率。题目选取原则：题目不宜过多，选取 3 道即可；后测题目与前测题目相同。

表 3-3-2　情绪原因理解训练监控表

训练内容	情绪原因理解	训练日期	2019 年 7 月 8 日
训练项目	☑ 场景推理　　□ 社交情境		
题号 / 总题数	学习评价		具体学习表现（如需）
1/15	□ A 能推理出引起情绪的原因 ☑ B 能描述人物的情绪 □ C 不能推理引起情绪的原因，不能描述人物的情绪		
2/15	☑ A 能推理出引起情绪的原因 □ B 能描述人物的情绪 □ C 不能推理引起情绪的原因，不能描述人物的情绪		
3/15	☑ A 能推理出引起情绪的原因 □ B 能描述人物的情绪 □ C 不能推理引起情绪的原因，不能描述人物的情绪		
总体学习表现：			

以个案训练结果为例：

（1）通过场景推理训练，康复对象在情绪原因的理解方面达到了能描述人物的情绪、能推理出引起情绪原因的程度。

（2）建议：在家庭康复训练中，可以对该模块进行加强和巩固；康复对象的训练结果显示其已经达到了情绪理解的通过标准，故下一次个别化训练中，可以开展更加复杂的社交情境下的康复训练。

第四节 情绪自我调节

情绪自我调节训练是情绪干预中的重要内容，旨在提高特殊儿童对自己情绪的控制及调节能力，使得情绪反应与环境相符合，康复对象在训练后能够具备对自我情绪状态的自主控制意识和自主控制能力。

一、情绪宣泄

若儿童无法快速准确地对不同的负面情绪采取适当的行为和生理调节策略，建议个别化康复训练中继续进行初级行为和生理调节策略的训练，直至儿童可以准确快速地运用调控策略进行负面情绪的调节。可通过动感视频进行情绪宣泄，利用动感视频让康复对象进行情绪的宣泄与发散，使康复对象的情绪状态符合教学情境的要求。如"正性＋中性＋负性＋中性"曲目组合，帮助康复对象从兴奋状态回复到平静状态。

1. 训练准备

推荐设备：自闭与多动障碍干预仪软件—情绪干预—情绪诱导（食药监办械管〔2015〕104号）。

2. 训练方法

康复师需根据康复对象当前的情绪状态制订出合理的干预方案。根据同质性原则，选择适合康复对象使用的干预曲目。

二、情绪调控策略

情绪调控的训练流程包括：

（1）总结某一情绪（比如"骄傲"）的体验特征和常见场景，提高儿童识别相应情绪的能力。

（2）调控策略的学习：向儿童展示多种调控某一情绪的策略，让儿童学习应对该情绪的方法。

（3）调控策略的练习：在不同的情境下，让儿童对习得的调控策略进行运用。

以"骄傲"为例，首先总结"骄傲"的体验特征和常见场景，提高儿童识别"骄傲"的能力；其次，向儿童展示多种调控"骄傲"的策略，让儿童学习应对"骄傲"的方法；最后，在不同的"骄傲"情境下，让儿童对习得的调控策略进行运用练习。以"骄傲"为例，情绪调控的具体训练流程如下。

1. 教学内容分析

对基本情绪"骄傲"的调控，可分为2个课时进行教学：第1课时主要让康复对象进行"骄傲"情绪调控策略的学习，并且能够灵活地选择不同的策略；第2课时主要让康复对象进行"骄傲"情绪调控策略的练习。

2. 教育康复目标

（1）能在不同情境下适当地调控"骄傲"情绪，能通过自我提醒、自我审视、重视缺点等的训练，在不同情境下用恰当的方式调控自己的"骄傲"情绪。

（2）能运用多种方式调控"骄傲"的情绪状态。如看到视频"贝贝获得小红花"，能够模仿贝贝，做出和贝贝一样的回应："别人也很优秀。"

（3）能从多种情绪的调控策略（自我提醒、自我审视、重视缺点、顾及他人、帮助他人等）中，调控"骄傲"的情绪状态。如自主想象"骄傲"的场景并运用3种不同的调控方式。

3. 教育康复重点、难点

（1）重点：能在不同情境下适当地调控"骄傲"情绪。

能通过观察人物的外部表现，模仿其调控"骄傲"情绪的行为方式。

（2）难点：能通过行为和语言自主调控"骄傲"。

4. 教育康复准备

（1）环境准备：个体教学教室，面积≥10平方米。

（2）教具准备：展现"骄傲"情绪的图片和视频，能够引发康复对象"骄傲"情绪的玩具，比如奖牌、小红花、满分试卷等。

① 模仿表达：展现"骄傲"情绪的图片、视频等。

② 情境表达：能引起康复对象"骄傲"情绪的情境图片或者实物等，如漂亮的新裙子、自己动手完成的模型等。

③ 自由表达：镜子等。

5. 教学过程

通过模仿法，让康复对象体会图片或视频中人物"骄傲"的情绪；通过创设情境法让康复对象调控"骄傲"；通过问答法让康复对象自由调控"骄傲"。

（1）兴趣导入：情绪再认。

场景：播放视频《那些骄傲的时候》，引导康复对象体会感受"骄傲"的情绪。观看视频，观察不同情境下的人们调控"骄傲"情绪的不同方式。

康复师和康复对象站成一排，面对电视机，康复师说："轩轩，现在我们来看看视频里的哥哥姐姐骄傲的时候，好不好？"

① 完整观看多个不同情境下有关"骄傲"的视频，让康复对象感受"骄傲"的情绪和行为表现。

② 观看每一种情境下调控"骄傲"情绪的视频，让康复对象观察人物调控"骄傲"情绪的语言和动作。

③ 让康复对象描述调控"骄傲"情绪的做法。

图 3-4-1　调控"骄傲"

（2）教学新授。

① 策略学习：模仿游戏。

A. 模仿人物（图片、视频中的人物或真人）调控"骄傲"情绪的策略（自我提醒、自我审视、重视缺点、顾及他人、帮助他人等），如看到"贝贝骄傲"的图片，模仿贝贝的语言。

康复师和康复对象站成一排，面对电视机，康复师说："轩轩，你看他们感到骄傲时怎么说的，你来学一学。"

B. 再次播放上述视频或者图片，让康复对象扮演视频中的角色，说和角色一样的语言。比如，播放"小朋友们都感到骄傲"的视频，然后让康复对象模仿小朋友，调控其"骄傲"的情绪。在扮演完成之后，询问康复对象："当我们感到骄傲时时，会怎么说？"若康复对象不能说出相应的语言，则给出提示。

② 策略练习：情境扮演游戏。

A. 根据特定的情境，调控自己"骄傲"的情绪状态（自我提醒、自我审视、重视缺点、顾及他人、帮助他人等），如看到场景"贝贝穿着漂亮的公主裙，贝贝感到骄傲"，能说出"我的骄傲是自己努力得来的吗"来调控骄傲的情绪。

康复师和康复对象站成一排，面对电视机，康复师说："轩轩，你看贝贝穿着漂亮的公主裙，贝贝感到骄傲，你感到骄傲的时候会怎么做让自己不那么骄傲？"

B. 再次更换场景，从"贝贝有新裙子"变成"小虎完成了小明没有完成的任务"，请康复对象根据新的场景回答调控"骄傲"情绪的语句，并依据场景做出相应的行为。

③ 自由表达：言语、姿态、表情。

脱离参考物，让康复对象自己描述一个场景，并且分别自主用自我提醒、重视缺点、帮助他人三种形式调控"骄傲"的情绪。

康复师："轩轩，你想一想什么时候你会很骄傲，你很骄傲的时候会怎么做让自己不那么骄傲？"引导康复对象自由地表达。

6. 实时监控

表 3-4-1 适用于在情绪障碍的个别化康复训练中记录康复对象训练前后的基本情绪调控情况。填表说明：选择本次训练的情绪类别，并按照实际的训练日期填写该表格。在表格中勾选训练类型，并通过量化的方式判断该次情绪调控的准确程度。

表 3-4-1 情绪调控—调控"骄傲"训练实时监控表

训练内容	情绪调控—调控"骄傲"	训练日期	2019 年 7 月 6 日
训练项目	☐ 高兴 ☐ 生气 ☐ 难过 ☐ 害怕 ☐ 惊讶 ☐ 讨厌 ☑ 骄傲 ☐ 忌妒 ☐ 紧张 ☐ 内疚 ☐ 沮丧 ☐ 同情		
训练类型	☐ 策略学习　☑ 策略练习		
题号/总题数	学习评价	具体学习表现（如需）	
1/5	☐ A 完全符合（符合度≥70%） ☑ B 部分符合（30%≤符合度<70%） ☐ C 有点符合（5%≤符合度<30%） ☐ D 完全不符合（符合度<5%）		
2/5	☐ A 完全符合（符合度≥70%） ☑ B 部分符合（30%≤符合度<70%） ☐ C 有点符合（5%≤符合度<30%） ☐ D 完全不符合（符合度<5%）		
3/5	☐ A 完全符合（符合度≥70%） ☑ B 部分符合（30%≤符合度<70%） ☐ C 有点符合（5%≤符合度<30%） ☐ D 完全不符合（符合度<5%）		
总体学习表现：			

以个案轩轩的训练结果为例：

策略练习训练：康复对象在不同情境下调控"骄傲"情绪的正确率为33.3%，说明康复对象在调控"骄傲"情绪方面的能力还有待提升。

7. 家庭训练

康复师根据后测结果布置家庭康复处方作业，家长通过扫描二维码获得处方作业。第二天训练开始前家长将康复训练结果反馈给康复师，康复师结合上次康复训练后测结果和家庭康复训练结果决定本次课的前测内容和训练内容，依此循环往复。

8. 生活拓展指引

（1）给康复对象营造"骄傲"的氛围，比如经常夸奖表扬等，让康复对象在不同的情境下练习调控"骄傲"情绪。

（2）家长给康复对象创造游戏的情境，让康复对象练习调控"骄傲"情绪。

三、认知情绪调节

（一）训练方法

认知情绪调节训练主要使用有关转移注意力、兴趣调节、告知当事人等调节情绪的相关视频材料，教授康复对象转移注意力、兴趣调节等情绪调节方式，以帮助康复对象缓解或消除不良情绪。

康复师需教会康复对象在不同的情境下要运用不同的调节方式，比如被提问的时候很紧张，可以先在心里数数，再回答老师问题。此外，还可通过自我提醒、默念放松、自我审视、勇敢面对和坦然接受的方式缓解和消除不良情绪。

(二)训练内容

1. 转移注意力

当有不良情绪时,能通过转移自己注意力的方式疏解不良情绪。如和朋友玩耍、暂时走开、数数等。

2. 兴趣调节

当有不良情绪时,能通过做自己感兴趣的事的方式,缓冲不良情绪带来的影响。如画画、唱歌、跳舞、写字等。

3. 自我提醒

当有不良情绪时,能通过自我提醒的方式,将不良情绪赶走。如非常骄傲的时候,提醒自己别人也很棒。

4. 默念放松

当有比较激烈的不良情绪时,能通过在心里重复默念放松的方式,来疏解自己的情绪。

5. 自我审视

当有不良情绪时,能通过自我审视的方式,将不良情绪赶走。如感到忌妒的时候,提醒自己"我也有很棒的地方"。

6. 勇敢面对

当有不良情绪时,能通过调整心态、勇敢面对现实的方式,将不良情绪赶走。如感到沮丧的时候,接受现实,勇敢改变。

7. 坦然接受

当有不良情绪时,能通过坦然接受自己的不良情绪的方式,减轻情绪带来的危害。如感到紧张的时候,告诉自己"我有点紧张,但没什么要紧,大家都会紧张"。

8. 其他方法

当有不良情绪时，能通过告知当事人、合理逃避等的方式，缓冲不良情绪带来的影响。如产生"害怕"等不良情绪时，能通过远离危险物和危险地点的方式，消除不良情绪。

第五节 情绪外部调节

PART 5

教学课件

情绪外部调节实验内容与操作步骤

情绪外部调节通过放松训练、可视音乐干预、听觉统合训练等方式,根据儿童的喜好选择不同类型的方法和材料对情绪进行干预。"焦虑""紧张""兴奋""悲伤"等情绪往往会影响儿童康复训练和正常教学活动的效果,情绪外部调节可以将情绪调节至适合训练和学习的状态。

一、放松训练

放松训练旨在利用心理放松技术,调节康复对象的不良情绪,帮助康复对象从"紧张""焦虑"等情绪状态中回复平静。通过初级生理调节和初级行为调节进行情绪内部调控,通过放松训练进行情绪外部调控。训练方法包括通过呼吸放松、肌肉放松、冥想放松等专业的心理放松训练达到缓解不良情绪的目的。

(一)呼吸放松训练

呼吸放松训练是指通过调节呼吸缓解紧张情绪的方法。呼气要自然而然地、慢慢地把肺底的空气呼出来。此时,肩膀、胸直至膈肌等都感到轻松舒适。在呼吸时还要想象着将紧张情绪徐徐地释放出来;注意放松的节拍和速度。

首先做十次急促而有力的深呼吸,鼻子吸气,用嘴巴吐气。在深呼吸的过程中,想象把身体内部各种不良情绪(如"委屈""怨恨""不满""压抑""烦闷""紧张""忧愁""悲伤""担心""恐惧"等)随着吐气排出体外。

做完深呼吸之后就把注意力放在缓慢悠长的呼吸上，可以用嘴巴或者鼻子呼吸。呼吸的过程中不要理会头脑中的任何念头和想法，把注意力放在呼吸上，练习 5 分钟以上。这是第一个环节，在练习的过程中如果觉得舒服，可以延长练习的时间，比如 10 分钟、半个小时或者一个小时都可以。深呼吸适合释放内心种种压抑的急需宣泄的不良情绪，而缓慢呼吸可让身心特别是神经系统保持长时间的舒缓放松，方法如下：

（1）吸气。缓慢并深深地按"1—2—3—4"吸气，约 4 秒钟使空气充满胸部。呼吸应均匀、舒适而有节奏。

（2）抑制呼吸。把空气吸入后稍加停顿，此时感到轻松、舒适、不憋气。

（3）呼气。要自然而然地、慢慢地把肺底的空气呼出来。此时，肩膀、胸直至膈肌等都感到轻松舒适。在呼吸时还要想象着将紧张情绪徐徐地释放出来。注意放松的节拍和速度。

（二）肌肉放松训练

肌肉紧张是身体面对恐惧和焦虑的一种反应，可能会导致我们感觉紧张，也可能导致肌肉疼痛，有时候还会让人感到精疲力尽。在肌肉放松法的练习中，通过集中地、持续地练习收紧特定的肌肉，然后放松，恐惧和焦虑的感觉也会得到缓解。肌肉放松训练通过练习拉紧和放松不同的肌肉区域，最后整个身体都会感到更加放松。方法如下：

（1）从脚趾开始，绷紧脚趾和脚部的肌肉，保持 5 秒钟；

（2）放松紧张的肌肉，也保持 5 秒钟；

（3）移动到小腿的肌肉；

（4）重复上面的先紧张后放松的步骤，每一步保持 5 秒钟；

（5）继续移动到身体的其他肌肉群，如大腿、腹部、胸部、手臂、肩膀和颈部等。

（三）冥想放松训练

冥想是解除压力的一种方式。冥想是一种放松和集中精神的过程，目的是促进身心健康，让积极的意念"输入"潜意识，对人的活动产生正面影响。训练步骤如下：

（1）寻找适合的环境。冥想的环境应避免噪声、运动、亮光、电话以及其他人的活动，应相对安静、舒适。

（2）确保感觉舒适。保证温暖的房间、宽松的衣服，不要太饱或饥饿等等。

（3）后背挺直，身体放松。采用渐进式肌肉松弛法：闭上眼睛，先绷紧肌肉，后放松由头顶至脚的每一处部位，如头皮、脸颊、下巴、颈、肩、脚等，目的是令我们重新对长期处于不自觉紧张状态的肌肉产生知觉。

（4）专注地呼吸。将意念集中于两眉之间或丹田的位置，将手轻轻放在肚脐上，随着呼吸的节奏收缩腹部的肌肉，尽量把所有废气从肺部全部呼出来。在一吸一呼之间，感受身体的变化。如果脑中出现杂念，不必刻意不去想，只要专心致志于呼吸，杂念便会自然溜走。

（5）冥想。预先构思一些积极的自我暗示的语言，然后将信息输入自己脑海，这些信息必须简单、正面且用现在式的词句，例如："我很棒！""我是一个自信的人。"

在冥想过程中，意识是清醒的，但意念高度集中于一点。所以完成冥想的过程后，应在心里从10倒数至1，告诉自己数到1的时候便会醒来，且精神畅快，充满活力。

（四）实时监控

训练后可采用情绪外部调节实时监控表对训练的成效做出评价，如表3-5-1所示。

表3-5-1　情绪外部调节训练实时监控表

训练类型	情绪外部调节	训练日期	2019年7月12日
训练内容	☑ 呼吸放松 ☐ 肌肉放松 ☐ 冥想放松		
情绪调节结果	☐ 完全改善 ☑ 显著改善 ☐ 少量改善 ☐ 无改善		

二、可视音乐干预

人类的生理活动、心理作用和各种病理变化，都要通过中枢神经系统而产生。可视音乐可以改善和提高中枢神经系统本身的机能，对促进个体身心健康，预防疾病和治疗疾病起到积极作用。可视音乐将听觉和视觉有机结合，使音色、旋律、节奏、色彩、形状的变幻融为一体，通过感官刺激，最大限度发掘大脑潜能，从而起到唤醒、催进、激励或安宁、抚慰、宣泄等心理作用，可以获得药物和人际交流达不到的效果。[①] 可视音乐对人类机体的作用，常可在生理方面表现出反应，主要表现在心跳、呼吸、内分泌、皮肤电导、肌电等方面的变化。例如，听《欢乐颂》时，进行到某些小节时，脉率变化非常明显；几天后，再次聆听《欢乐颂》时，在那些同样的小节处仍出现脉率变化，主要表现在三个方面：1）愉快或不愉快；2）兴奋或沉静；3）紧张或松弛。

可视音乐对人的情绪影响，既与音乐的整体有关联，又与音乐的要素有关联。可视音乐的要素主要体现在七个方面，包括音高、音高变化、旋律变化、音色、速度、音量和节奏。这七个要素的综合效果将对人类产生快乐、愉快、兴奋、愤怒、悲哀、松弛或平静的影响。[②]

不同音色的波形不同，对神经的刺激亦有不同，在经过大脑的分析之后，不同的音色被区分开来，形成了不同的主观体验。和声可以被描述为垂直的，主要体现在低频、中频和高频从上到下的变化。高频谐波比较突出，声音听起来较为明亮，反之音色较暗；低频谐波比较突出，声音听起来较为厚实，反之音色较单薄。至于声音听起来是否丰满，则主要取决于各种谐波（特别是中频）在谐波系列中的位置。[③]

[①] 王素丽，李文妍，岳保珠，等.可视音乐治疗对小儿精神发育迟滞的康复影响[J].中国儿童保健杂志，2017，25（7）.

[②] 金野.可视音乐对自闭症儿童情绪与行为干预的个案研究[J].现代特殊教育，2011（Z1）.

[③] 金野，汪佳蓉，李立勤，等.特殊儿童可视音乐治疗系统的构建与应用[J].中国特殊教育，2008（5）.

（一）治疗意义

可视音乐可以作为每次训练前的兴趣导入；可视音乐干预可减少课前焦虑，提高注意力。

（二）治疗流程

可视音乐干预要遵循"评估→诊断→治疗→监控→再评估"的顺序，即在尽可能短的时间内，通过不断循环往复的治疗与监控，使特殊儿童情绪与行为障碍的症状得到缓解或消除。除了了解特殊儿童的问题与需求外，还需观察他们的情绪、行为，了解儿童的情绪能在哪一种音乐、画面、灯光下得到有效调节，并记录其行为表现和注意力时长，以判断适合该儿童的治疗方案。

（三）推荐材料

利用可视音乐的动漫篇对康复对象进行情绪干预，调节康复对象的不良情绪，使康复对象的情绪状态趋于平和。如"负性＋中性＋正性＋中性"曲目组合，可以帮助康复对象从难过、低落的情绪状态中走出来。

利用可视音乐的频谱篇对康复对象进行情绪干预，调节康复对象的不良情绪，使康复对象的情绪状态趋于平和。如"正性＋中性＋负性＋中性"曲目组合，可以帮助康复对象从亢奋情绪状态逐渐转向平静的情绪状态。

（四）推荐设备

自闭与多动障碍干预仪软件—情绪干预—情绪外部调节（食药监办械管〔2015〕104号）。

（五）训练方法

康复师需根据康复对象当前的情绪状态制订出合理的干预方案。根据同质性原则，选择适合康复对象使用的干预曲目。

1. 音乐性质

（1）正性音乐。

这类音乐节奏明显，速度较快，多断音和切分音，属于刺激型音乐。这类音乐会使人感到兴奋，情绪高涨。根据同质性治疗原则，它适用于患有多动症、孤独症等的特殊儿童的初期治疗。

（2）中性音乐。

这类音乐旋律流畅，节奏平稳，速度适中。这类音乐会使人感到舒畅、平静。它适用于情绪上既没有过激的行为反应，也没有过于忧郁、伤感表现的特殊儿童。它是正性音乐和负性音乐的过渡，在治疗中起到桥梁和纽带的作用。

（3）负性音乐。

这类音乐节奏相对不太明显，速度比较缓慢，多延长音，属于松弛型音乐。这类音乐容易使人产生伤感情绪和回忆，根据同质性治疗原则，它适用于情绪低落、患有忧郁症等的特殊儿童的初期治疗。

2. 画面变化效果

双屏显示更有利于特殊儿童不断地转换自己注意的焦点，分配注意，从而延长了注意的时间。训练初期可选择儿童最容易接受的卡通效果，左屏为原始画面，右屏为卡通模式。画面变化效果包括灰度、三基色（红、绿、蓝）、浮雕、底片、柔化、锐化、滚屏、速写、水平镜像、垂直镜像、对角镜像、随机镜像。

以下列出了最常使用的画面：

（1）卡通画面。

通过幽默、讽刺、含蓄、奇特的卡通角色塑造，使康复对象在观看变化多端、充满趣味的动画的过程中，情绪得到感染和同化。

（2）三基色。

根据正性、中性、负性三种音乐性质，将画面色彩分为红色、绿色和蓝色，且与灯光颜色相对应，更好地激发康复对象内心的情感。正性音乐配以红色画面，使人兴奋；负性音乐配以蓝色画面，使人沉静；中性音乐配以绿色画面，使人处于兴奋与沉静两种感觉之间。

（3）滚屏。

通过模拟电视闪频的效果，给予儿童一种强烈的视觉冲击，尤其对于孤独症儿童，自上而下不停闪烁的滚动条能更有效地吸引他们的注意，激发他们的联想。

（4）速写。

绘画是传达情感的最好方法，也是最直接的情感信息传递方式。借助实物动画与速写动画线条呈现的双重刺激，能激发儿童产生一种自我察觉、洞悉与顿悟、唤醒自由心象的联想。

（5）镜像。

通过实物动画与镜像动画的双重刺激，儿童在大脑中不断重构外界现实，在富有变化的视听效果中，情绪得到激活或缓解。

（6）浮雕。

画面所呈现出的全新立体效果使画面更加生动新奇，对于轮廓的强调能更好地抓住儿童的视线。

3. 灯光效果

表 3-5-2　灯光效果表

基准频率	慢、较慢、中等、较快、快
诱导模式	中轻 δ 波、中深 δ 波、δ 波
	中轻 θ 波、中深 θ 波、θ 波
	中轻 α 波、中深 α 波、α 波
	中轻 β 波、中深 β 波、β 波、
	$\delta\text{-}\theta$、$\theta\text{-}\alpha$、$\alpha\text{-}\beta$、$\delta\text{-}\alpha$、$\theta\text{-}\beta$、$\delta\text{-}\beta$
变化节奏	先慢后快、均匀变化、先快后慢
灯光强速	高、低、中、中高、高

注：1. α—平静，β—兴奋，θ—安静，δ—深度睡眠。
　　2. 当治疗对象有注意力问题时，不建议使用灯光。

(六)音乐处方

根据以上原则制定了可视音乐推荐处方,分为情绪兴奋处方和情绪低落处方。每一类处方分为四个阶段,每个处方时长为 5~8 分钟。每个阶段的音乐性质、画面效果由弱到强,康复师可根据"可视音乐干预行为记录表"中记录的儿童情绪类型和作用最明显的画面效果,选择适合的阶段进行干预。

1. 可视音乐干预仪软件 M1—情绪兴奋处方

(1)处方特点:可视音乐干预仪软件的视频依据颜色和处理特效的心理效应,划分为正、中、负三种类型;与视频搭配的音乐依据其引发的情绪体验,划分为正、中、负三种类型。同样类型的音乐和视频,一起作用于儿童的视听器官,兴奋处方采用"中性+正性+中性"的干预流程。

(2)处方功能:第一曲中性的可视音乐引导儿童心境平和;第二曲正性的可视音乐和儿童的情绪状态同质,易引起儿童的共鸣和认同,维持儿童的注意力;第三曲中性的可视音乐巩固儿童平和的心境。一个系列的干预流程,可使得儿童的情绪状态趋于稳定和平和。

2. 可视音乐干预仪软件 M1—情绪低落处方

(1)处方特点:可视音乐干预仪软件的视频依据颜色和处理特效的心理效应,划分为正、中、负三种类型;与视频搭配的音乐依据其引发的情绪体验,划分为正、中、负三种类型。同样类型的音乐和视频,一起作用于儿童的视听器官,低落处方采用"中性+负性+中性"的干预流程。

(2)处方功能:第一曲中性的可视音乐引导儿童心境平和;第二曲负性的可视音乐和儿童的情绪状态同质,易引起儿童的共鸣和认同,维持儿童的注意力;第三曲中性的可视音乐巩固儿童平和的心境。一个系列的干预流程,可使得儿童的情绪状态趋于稳定和平和。

(七)实时监控

以康复对象晶晶为例,个案 4 岁,患有孤独症,目前正在进行早期语言视听统合的康复训练。儿童本次视听统合的康复训练效果整体较好,问题行为显著改善,良好行为显著增加。本次对儿童进行了视听统合训练中的情绪诱导训练,患儿视觉注意力能够集中 10 秒左右,观看比较认真,情绪得到缓和,能够安坐并配合完成观看,儿童无发声意识,模仿发声尚不能完成。建议继续加强情绪诱导训练,训练时可适当强化视线追踪图片指认的训练和强化发音意识。表 3-5-3 采用"可视音乐干预行为记录表"记录儿童在可视音乐干预时的情绪行为表现。

表 3-5-3 可视音乐干预行为记录表

训练日期	2019 年 12 月 25 日	情绪表现	☑ 外倾型 □ 内倾型 □ 其他
训练方案: 可视音乐: ☑ 童趣篇 □ 频谱篇 □ 动漫篇 动感视频: □ 涟漪耀斑 □ 发光物体 □ 动态几何 □ 模糊色彩			
行为类别	行为表现及发生频率		备注
问题行为	□ 1. 感知觉明显异常反应,比如对声音、光线过度迟钝或过度敏感(分/次) ☑ 2. 对老师的指令不回应或回应慢(分/次) □ 3. 注意力从视频上移开(分/次) ☑ 4. 视线跟随不能完成(10 秒/次) ☑ 5. 手脚动来动去或坐不住(4 分钟 2 次) □ 6. 站起来,随意走动(分/次) □ 7. 自我伤害,比如抠手、咬手指、打头、撞墙等(分/次) □ 8. 破坏物品,如摔东西、踢门、撕书等(分/次) □ 9. 用不恰当的方式表达情绪或引起注意,如不高兴时砸东西、大喊大叫(分/次) □ 10. 重复行为,如不停开门或关门(分/次) □ 11. 情绪紧张或不安(分/次) □ 12. 情绪低落,无精打采,神经兴奋性低(分/次) □ 13. 重复别人话语,自言自语(分/次) □ 14. 抗拒行为(分/次) □ 其他		问题行为影响程度的描述:离开座位1次,安坐意识不稳定 问题行为出现的情景:播放的画面患儿不感兴趣
良好行为	一、情绪调节 □ 1. 内倾型:情绪表达恰当,比如看到喜欢的内容鼓掌 曲目: 性质(必填):□ 正性 □ 中性 □ 负性(分钟) 左屏效果: 右屏效果:		

续表

行为类别	行为表现及发生频率	备注
良好行为	画面内容： 表达情绪： 表达方式： ☑ 2. 外倾型：情绪逐渐稳定，比如上课时能够安坐下来 曲目：快乐小站 性质（必填）：☑ 正性　□ 中性　□ 负性（55秒） 左屏效果：原始画面 右屏效果：原始画面 画面内容：猫头鹰 表达情绪：不吵闹 表达方式：安坐 二、视注意 ☑ 1. 稳定视注意时长（最长时长：30秒） 曲目：天真烂漫 性质（必填）：□ 正性　☑ 中性　□ 负性（34秒） 左屏效果：原始画面 右屏效果：灰度 画面内容：积木 □ 2. 视注意—触摸行为（　次，触摸：　） 曲目： 性质（必填）：□ 正性　□ 中性　□ 负性（分钟） 左屏效果： 右屏效果： 画面内容： □ 3. 视注意—模仿发声行为（　次，发声：　） 曲目： 性质（必填）：□ 正性　□ 中性　□ 负性（　分钟） 左屏效果： 右屏效果： 画面内容： □ 4. 视注意—主动发声行为（　次，发声：　） 曲目： 性质（必填）：□ 正性　□ 中性　□ 负性 左屏效果： 右屏效果： 画面内容： 三、听注意 ☑ 1. 稳定听注意时长（最长时长：30秒） 曲目：快乐小站 性质（必填）：☑ 正性　□ 中性　□ 负性（55秒） 左屏效果：原始画面 右屏效果：原始画面 画面内容：猫头鹰 □ 2. 听注意—触摸行为（　次，触摸：　） 曲目：	

续表

行为类别	行为表现及发生频率	备注
良好行为	性质（必填）：☐ 正性　☐ 中性　☐ 负性（　分钟） 左屏效果： 右屏效果： 画面内容： ☐ 3. 听注意—模仿发声行为（　次，发声：　） 曲目： 性质（必填）：☐ 正性　☐ 中性　☐ 负性（　分钟） 左屏效果： 右屏效果： 画面内容： ☐ 4. 听注意—主动发声行为（　次，发声：　） 曲目： 性质（必填）：☐ 正性　☐ 中性　☐ 负性（　分钟） 左屏效果： 右屏效果： 画面内容： 四、共同注意 ☐ 1. 发起式共同注意（　次） 曲目： 性质（必填）：☐ 正性　☐ 中性　☐ 负性（分钟） 左屏效果： 右屏效果： 画面内容： ☑ 2. 回应式共同注意（　次） 曲目：流光异彩 性质（必填）：☐ 正性　☑ 中性　☐ 负性（1分钟28秒） 左屏效果：原始画面 右屏效果：原始画面 画面内容：彩色画面 注意： 1. 视听统合训练中所选择的训练内容均可记录多次或概述画面共性。 2. "双屏播放"的效果，可以用数字代替，内容为：① 原始；② 灰度；③ 三基色红；④ 三基色绿；⑤ 三基色蓝；⑥ 底片；⑦ 浮雕；⑧ 上下翻转；⑨ 左右翻转；⑩ 柔化；⑪ 锐化；⑫ 自动三基色；⑬ 滚屏；⑭ 速写；⑮ 水平镜像（右→左）；⑯ 水平镜像（左→右）；⑰ 垂直镜像；⑱ 对角镜像；⑲ 随机镜像。 3. 表格中"☐"的标记以☑标记为准。	
总体描述	1. 问题行为 ☐ 无问题行为 ☑ 显著改善 ☐ 少量改善 ☐ 无改善 ☐ 其他	

续表

行为类别	行为表现及发生频率	备注
总体描述	2. 良好行为 ☑ 显著增加 ☐ 少量增加 ☐ 无变化 ☐ 无良好行为 ☐ 其他 3. 其他 （1）言语状况：无反应 （2）语言状况：自主发无意义的音 （3）认知状况：无反应 （4）情绪行为状况：情绪稳定	

三、听觉统合训练

听觉统合训练（Auditory Integration Training，AIT）由法国耳鼻喉科医生盖·布拉德（Guy Bernard）所创，听觉统合训练的目标是利用一组特别声音与音乐作为整体的听力训练程序，通过让患儿聆听经过过滤和调配的音乐来矫正听觉系统对声音处理失调的现象，并刺激脑部活动，从而达到改善行为紊乱和情绪失调的目的。听觉统合训练通过让受训者聆听经过过滤和调配的音乐来达到矫正听觉系统对声音处理失调的目标，从而重新组织大脑听觉皮层，促进大脑皮层对所有频率的感知，减少其对听觉信号的歪曲。布拉德医生在做频点测试的时候，通过对儿童的表情来判断测试频点是否为过敏频点。如观察到听力过度敏锐的儿童测试时面部有痛苦表情，则可以认为该频点为该儿童的过敏频点，从而准确地判断使他（她）听力扭曲的过敏频点。近年来，国内外已经有大量研究证实了AIT对孤独症儿童治疗的有效性和可靠性。

许多特殊儿童由于听觉行为异常，造成了情绪反应的各种问题，如对声音刺激的感觉反应异常、听觉反应过度（超敏）、听觉反应不足（弱敏）、听感觉寻求等，此外还存在对声音刺激的辨识能力异常，背景噪声下语音识别困难等障碍。[①] 其中听觉反应过度也叫听觉超敏，指儿童对声音产生过度反应，最易造成儿童的情绪行为问题。存在听觉反应过度的特殊儿童对声音的容忍度很低，即使对很小的声音也会产生焦虑、烦躁、眩晕等反应。如康复对象然然，康复师观察发现他的具体表现为：每当康复师的声音尖细并且声音很大时，他会立刻捂住耳朵，如果康复师继续说话，他会用力拍打大腿伴随捂耳朵，开始尖叫；当康复师停下来约2分钟，他捂耳朵、拍大腿的行为消失，情绪好转。在一个小时的个训课中，此行为反复出现（20次），严重影响上课进程。因为康复师声音尖细而大的时候康复对象会出现问题行为，研究者怀疑该儿童可能对某些响度（声音的大小）和某些频率（声音的尖细）的声音超敏，所以用便携式听觉筛查仪进行筛查。筛查结果显示该康复对象对大于70分贝并且频率大于3 000赫兹的声音超敏。

感觉统合是指导个体在特定的环境内有效利用自身感官，将刺激信息经大脑整合并做出适应性反应的能力。[②] 听觉统合训练属于感觉统合训练，已知听觉统合训练可明显改善智力缺陷患儿的发音，提高其注意力，调节患儿情绪，同时还能显著改善患儿的语言表达能力。[③] 听觉统合训练通过让患儿聆听经过调制的音乐，刺激患儿的脑部活动，可促进患儿对听觉信息的理解；与语言功能训练联合应用，能有效矫正听觉系统对于声音处理的失调现象，强化患儿对语言的理解，帮助其恢复对音频的正确感知，从而改善患儿的语言障碍、交往障碍、情绪失调和行为紊乱等表现。[④]

[①] 陈维华，邹林霞. 听觉统合训练对智力障碍儿童语言迟缓的效果 [J]. 中国康复理论与实践，2013，19（7）.
[②] 陈芳，王小莲，刘振玲，等. 数码听觉统合训练治疗小儿痉挛型脑瘫语言障碍的临床探讨 [J]. 中国妇幼保健，2016，31（24）.
[③] 钱沁芳，欧萍，杨式薇，等. 听觉统合训练对整体发育迟缓儿童语言及情绪的社会性的影响 [J]. 中国康复医学杂志，2017，32（4）.
[④] 杨立星，邹林霞，陈维华，等. 引导式教育结合听觉统合训练治疗学龄前儿童智力低下的临床研究 [J]. 中国儿童保健杂志，2015，23（10）.

表 3-5-4 听觉统合训练方案

功能模块	康复方案	疗程（天）	方案简介
情绪行为干预（高频疗法）	外倾型障碍干预	20	针对解决情绪狂躁、焦虑及攻击他人等问题行为
	内倾型障碍干预	20	针对解决情绪低落、抑郁及回避等问题行为
听觉脱敏训练（脱敏疗法）	高频脱敏训练	20	针对解决高频声音过敏问题
	低频脱敏训练	20	针对解决低频声音过敏问题
听觉平衡训练（平衡疗法）	听觉定向训练	20	针对解决中枢听处理障碍儿童的听觉定向问题
	双耳平衡训练	20	针对解决中枢听处理障碍儿童的双耳听觉失调问题
脑电波诱导音乐（脑电波诱导疗法）	δ 波：舒缓压力	5	针对解决情绪失调、亚健康人群的压力过大、身心疲惫问题
	α 波：激发灵感	5	针对解决情绪失调、亚健康人群的大脑疲劳、注意力不集中问题
	θ 波：增强记忆	5	针对解决情绪失调、亚健康人群的记忆力衰退问题

经验显示，如果孤独症儿童听到普通环境音时出现焦虑、烦躁、眩晕等反应，并且这种情况在不同环境、长时间内多次出现，那么该儿童可能存在听觉超敏的问题。但儿童并不是对所有的声音都超敏，因此需要通过进一步的观察与测试找出导致儿童超敏的是什么类型的声音。找准声音后可以采用听觉统合训练器对儿童进行听觉脱敏训练。听觉统合训练器对该儿童听觉超敏问题的干预效果良好。

针对听觉处理异常儿童，康复师可采用听觉统合训练仪开展训练。训练流程为：训练前纯音测听，结合儿童的情况确定听的内容，让儿童听经过特别处理的声音，再次进行纯音测听以调整训练方案。听觉统合训练仪通过选用经过特殊声学处理的音乐素材，其中音高、音强、音色等音乐元素将作用于听觉器官和听觉中枢系统，使用者通过聆听各种频率组合的音乐，刺激耳内肌、前庭、感音神经及听觉中枢神经，逐渐学会倾听，并且重新调节神经系统的紊乱，最终达到改善不良行为、保持情绪稳定的目的。

（一）训练内容

1. 听觉脱敏训练（脱敏疗法）

使用动态吸频技术过滤掉声音的敏感频段，逐渐提升儿童的听觉承受力，增强儿童的听觉适应力，帮助儿童逐步脱敏，恢复身心健康。高频脱敏训练适用于对尖锐的声音、高音乐器不适的高频过敏儿童；低频脱敏训练适用于对沉闷的声音、低音乐器不适的低频过敏儿童。

训练流程：

第一步：选定康复方案（例：听觉脱敏训练—高频脱敏训练）。

第二步：选定当前康复的天数。

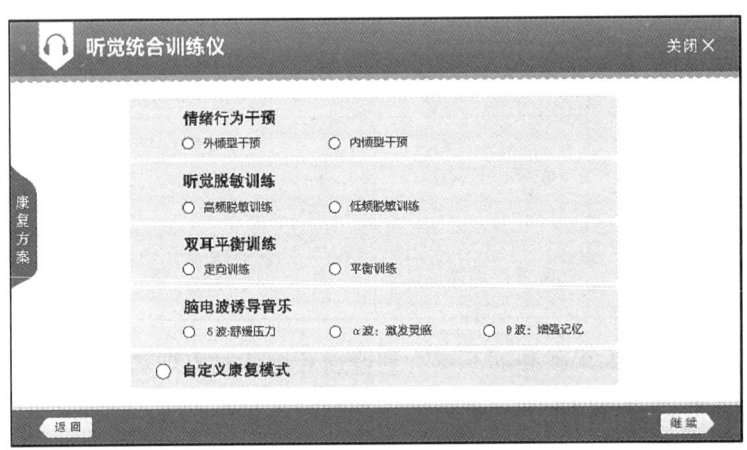

图 3-5-1　选择康复方案

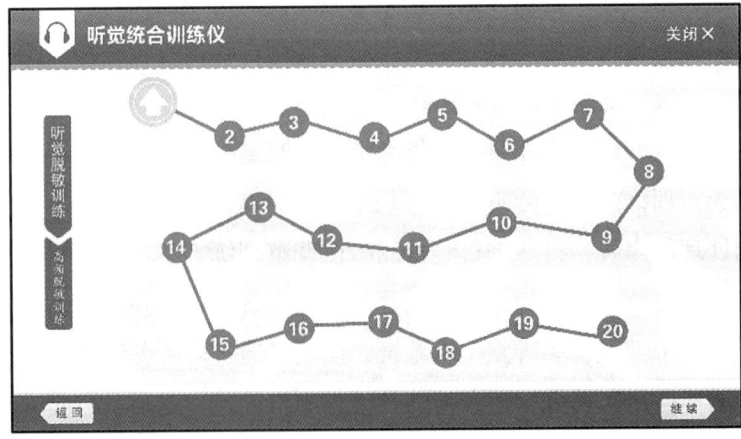

图 3-5-2　高频脱敏训练界面

2. 情绪行为干预（高频音乐疗法）

高频音乐疗法根据法国著名音乐学家阿尔弗雷德·托马提斯的高频音乐疗法理论设计而成，主要适用于孤独症与情绪障碍儿童，通过刺激其听觉系统，减轻其障碍表现，调节其情绪状态。

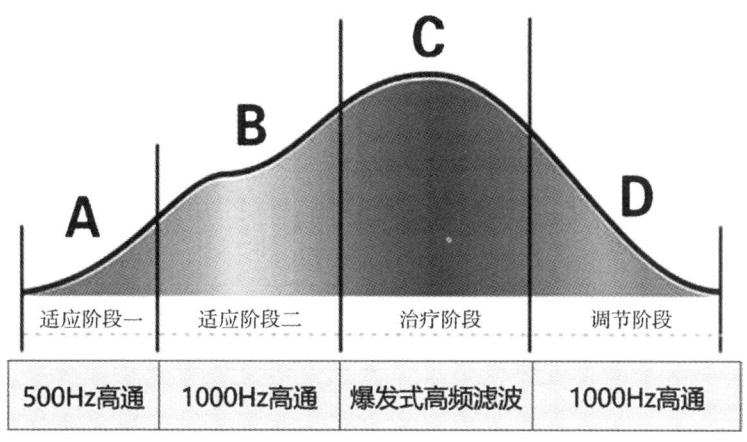

图 3-5-3　高频音乐疗法示意图

3. 听觉平衡训练（平衡疗法）

采用双通道滤波及强度调制技术改变双耳所听到的声音，控制左右大脑半球对声音感知的分离与融合；采用音频空间回旋处理算法，当儿童戴上立体声耳机，即可模拟进行听觉空间定向的训练。

适用于学习困难人群、多动与注意力缺陷患者、中枢听处理障碍者及其他存在听觉注意不稳定或者听处理紊乱问题的人群。

4. 脑电波诱导疗法

脑电波诱导疗法将期望脑电波镶嵌在听觉刺激中，通过物理干预诱导出期望脑电波，使其进入期望的意识状态：

α 波：8～14Hz，此时人的意识最清醒，处于创造力待激发的状态；

θ 波：4～8Hz，"记忆脑电波"，此时身体进入冥想状态，是记忆能力最佳的时刻；

δ 波：0.4～4Hz，此时人的身体极度放松，进入深睡眠状态，有助于解除疲劳。

脑电波诱导疗法主要针对各种亚健康、情绪失调人群。

（二）训练案例

以个案棋棋为例，个案 5 岁，发育迟缓儿童，目前正在进行听觉统合的康复训练。儿童本次听觉统合的康复训练效果整体较好，问题行为显著改善，良好行为显著增加。本次对儿童进行了听觉统合训练中的高频脱敏训练，患儿听觉注意力能够集中 10 秒钟左右，观看比较认真，情绪得到缓和，能够安坐并配合完成观看，表 3-5-5 采用"听觉统合治疗实时监控表"记录了儿童进行治疗时的情绪行为表现。

表 3-5-5　听觉统合治疗实时监控表

时间	训练模式	
2018年9月17日	情绪行为干预：☐ 外倾型干预　☐ 内倾型干预 听觉脱敏训练：☑ 高频脱敏训练　☐ 低频脱敏训练 双耳平衡训练：☐ 定向训练　☐ 平衡训练 脑电波诱导音乐：☐ δ 波：舒缓压力　☐ α 波：激发灵感 　　　　　　　　☐ θ 波：增强记忆 自定义康复模式	
行为类别	行为表现	行为概率
问题行为	☑ 1. 明显异常反应，比如对声音、光线过分冷淡或过分敏感 ☐ 2. 对老师的指令不回应或回应很慢 ☐ 3. 注意力经常从视频上移开 ☐ 4. 手脚动来动去或坐不住 ☐ 5. 经常站起来，随意走动 ☑ 6. 自我伤害，比如抠手、打头、撞墙等 ☐ 7. 破坏物品，如摔东西、踢门、撕书等 ☐ 8. 用不恰当的方法表达情绪或引起注意，如不高兴时砸东西、大喊大叫 ☐ 9. 重复行为，如不停开门关门 ☑ 10. 情绪紧张或不安 ☐ 11. 情绪低落，无精打采，神经兴奋性低 ☐ 12. 重复他人话语，自言自语 ☑ 13. 抗拒行为 ☐ 14. 其他	☐ 无问题行为 ☑ 显著改善 ☐ 少量改善 ☐ 无改善

第四章

社交行为干预

第一节 早期交往技能干预

早期交往技能干预旨在解决康复对象人际互动技巧和交往礼仪不足的问题，如不会分享、不会等待、不会轮替等，帮助康复对象发展出适当的互动方式，提升人际互动的能力和范围，如师生互动、同伴互动等。掌握与教师互动交往的礼仪和方式，掌握同伴互动的礼仪和方式。训练方法主要有游戏互动法、示范法、脚本法、强化法等，塑造康复对象学校人际交往方面的发展性行为。[1]

干预策略主要是通过观察、访谈等方法，筛查和评估康复对象在学校人际交往中所出现的发展性行为问题。应针对问题行为采用功能性行为分析的方法实施干预，如小虎不会分享的原因是其缺乏分享的意识，则应通过分享意识的培养，强化小虎分享的行为，经过多次干预之后可以改善其不会分享的状况。

一、礼貌用语

康复对象在仪式活动方面的参与意识与规则意识较为缺乏，如在升国旗仪式中大声喧哗、参加纪念活动时肆意嬉笑等。要帮助康复对象习得出席多种仪式活动的礼仪知识与技能，如集会礼仪、特殊活动礼仪等；掌握各种校内集会的常规礼仪；掌握各种户外活动的常规礼仪。

---

[1] 刘亚鹏，邓慧华，梁宗保，等.早期情绪性对学前儿童问题行为和社交能力的影响[J]. 心理发展与教育，2019，35（6）.

（一）教学主题：正确使用礼貌用语

（二）单元目标

本单元目标是，让儿童感受"生气""害怕""开心""兴奋"等情绪，学会判断并且体会别人的感受，并且能够在生活情境中关心体谅他人。课程借助自闭与多动障碍干预仪软件—行为干预—交往技能—早期交往技巧中的课件"你会使用礼貌用语吗？"，教会儿童使用各种礼貌用语尊重和关心他人。

（三）教具或参考资料

自闭与多动障碍干预仪软件—行为干预—交往技能—早期交往技巧。

（四）核心技能分解

体会礼貌用语在情景下的运用；
体会礼貌用语在情景下运用的感受；
了解情境与对应礼貌用语之间的因果关系；
面对不同的情景需求，能够恰当使用礼貌用语。

（五）教学步骤与内容

1. 引发动机

教师播放"你会使用礼貌用语吗？"引言部分，讲述与本单元主题相关的包含各种礼貌用语的绘本小故事，告诉儿童"大家都喜欢讲礼貌的孩子"，导入"正确使用礼貌用语"的主题。

2. 核心主题教学

表4-1-1 "正确使用礼貌用语"主题教学步骤表

步骤	提示		教学监控
	教师	儿童	
体会礼貌用语在情景下的运用	口语、手势、表情	说了什么	是否能正确说出礼貌用语
体会礼貌用语在情景下运用的感受	口语或手势、表情	感觉怎么样	是否能正确说出礼貌用语在情境下运用的感受
了解情境与对应礼貌用语之间的因果关系	口语或手势	为什么	能否说出原因
面对不同的情景需求，能够恰当使用礼貌用语	口语或手势	怎么做	通过口语说出某一情景下的礼貌用语

通过社交小故事，向儿童表明在不同的情境下应该使用不同的礼貌用语。（例：要对帮助过自己的人说"谢谢"、对别人表达歉意要说"对不起"）

通过社交情景的讲述，让儿童通过情景对话体会正确使用礼貌用语带来的感受。（例："谢谢"是对帮助过自己的人表示感谢、"对不起"是对别人表示歉意）

教导儿童了解具体的情境与对应礼貌用语之间的关系，即了解什么样的情境说什么样的礼貌用语，并知道为什么。

教导儿童在适当的情境下说出正确的礼貌用语。

3. 情境演练

（1）教师用社交场景图片向儿童描述该场景。然后提问儿童，如："这个时候，应该说什么呢？"引导儿童回答出正确的礼貌用语之后，再提问"为什么"。

（2）儿童真人演练场景。

（3）拓展到其他情境，请儿童自己说一说该情境下的礼貌用语是什么，为什么要这样说。

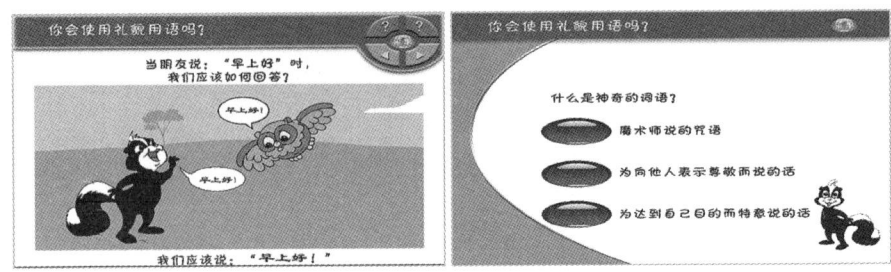

图 4-1-1 "你会使用礼貌用语吗?"课件页

4. 综合活动

(1)教师带着儿童复述上述四个技巧步骤。

(2)教师带领儿童练习口诀:

① 说了什么?

② 感觉怎么样?/感受是什么?

③ 为什么?

④ 怎么做?

5. 延伸活动

场景迁移:还有什么情景下可以用到这些礼貌用语呢?表 4-1-2 列举出两种情境。

表 4-1-2 "正确使用礼貌用语"主题延伸教学步骤表

感受	情境(原因)	怎么做
教师生气了	上课迟到	向教师道歉:"老师,对不起。"
妹妹很难过	她的小发夹坏了	对妹妹说:"别难过,我们再找找。"然后帮妹妹一起找发夹

二、自我管理

课程借助情绪行为干预仪—社会交往—早期交往技能中的课件"你能做个好帮手吗?",教会儿童有意识地自我管理。

（一）教学主题：做个好帮手

（二）单元目标

本单元目标是，让儿童有意识地进行自我管理，不给他人制造麻烦，做一个好帮手。课程借助情绪行为干预仪—社会交往—早期交往技能中的课件"你能做个好帮手吗？"，教会儿童有意识地进行自我管理。

（三）教具或参考资料

自闭与多动障碍干预仪软件—行为干预—社会交往—早期社会交往。

（四）核心技能分解

明确自己所处的环境；
明确自己在这个情境中应该做的事情；
在自然的情境中做出良好的行为；
对自己的行为表现做出评价。

（五）教学步骤与内容

1. 引发动机

教师播放"你能做个好帮手吗？"引言部分，讲述与本单元主题相关的绘本小故事，告诉儿童"大家都喜欢能做好帮手的孩子"，导入"做个好帮手"的主题。

2. 核心主题教学

表 4-1-3 "做个好帮手"主题教学步骤表

步骤	提示		教学监控
	教师	儿童	
明确自己所处的环境	口语或手势	在哪	判断儿童是否在观察自己所处的环境
明确自己在这个情境中应该做的事情	口语或手势	该做什么	判断儿童是否明白自己在情境中应该做的事情
在自然的情境中做出良好的行为	口语或手势	做了吗	判断儿童是否根据情境做出适当的行动
对自己的行为表现做出评价	口语或手势	做得怎样	引导儿童对自己的行为表现做出评价

通过社交小故事,向儿童表明好帮手在不同情境中应该怎么做。(例:独立完成自己的事情、收拾整洁、迅速完成正在做的事情并参加活动)

教导儿童认识具体的情境中应该怎么做,通过卡通人物引出与"帮助"相关的社交情景,并做出提问,示范在该情境下的正确行为模式,并解释为什么要做个好帮手。

学习完该社交小故事之后,通过"问题"模块,检验儿童对本课程内容的学习是否实现课程目标。

3. 情境演练

(1)教师用社交场景图片向儿童描述在该场景中,每个人应该做到的事情。过程中点击提问,如:"在……的路上,你怎样做才是个好帮手呢?"

(2)儿童真人演练场景。

(3)拓展到其他情境,请儿童自己说一说在别的场景中可以怎么做。

4. 综合活动

(1)教师带着儿童复述上述四个技巧步骤。

(2)教师带领儿童练习口诀:

① 在哪?

② 该做什么？
③ 做了吗？
④ 做得怎样？

5. 延伸活动

场景迁移：讨论在哪些场景中也应该努力做个好帮手。

三、礼貌行为

礼貌行为是社交过程中重要的影响因素，本单元的目标是教授儿童分辨礼貌行为和不礼貌的行为，对自己的行为方式进行约束和反思，形成使用礼貌行为的好习惯。

（一）教学主题：讲礼貌

（二）单元目标

本单元目标是帮助儿童在社会交往中做一个讲礼貌的人。课程借助自闭与多动障碍干预仪软件—行为干预—交往技能—早期交往技巧中的课件"你讲礼貌吗？"，教会儿童在不同的场合要讲礼貌。

（三）教具或参考资料

自闭与多动障碍干预仪软件—行为干预—交往技能—早期交往技巧。

（四）核心技能分解

了解什么叫作讲礼貌；
了解哪些场合需要讲礼貌；

能够在不同的场合中做出礼貌的行为；

能够判断并评价自己的行为是否礼貌；

能够判断并评价他人的行为是否礼貌。

（五）教学步骤与内容

1. 引发动机

教师播放"你讲礼貌吗？"引言部分，讲述与本单元主题相关的绘本小故事，告诉儿童"大家都喜欢讲礼貌的孩子"，导入"讲礼貌"的主题。

2. 核心主题教学

表 4-1-4 "讲礼貌"主题教学步骤表

步骤	提示		教学监控
	教师	儿童	
了解什么叫作讲礼貌	口语、场景	是什么	判断儿童是否明白什么是讲礼貌
了解哪些场合需要讲礼貌	口语、场景	该做什么	判断儿童是否明白在哪些场合应该讲礼貌
能够在不同的场合中做出礼貌的行为	口语、场景	做了吗	判断儿童是否根据情境做出恰当的讲礼貌行为
面对自己的不讲礼貌行为，自己能够做出适当改正	口语、场景	做得怎么样应该怎么做	引导儿童对自己不讲礼貌的行为做出评价和改正
面对不讲礼貌的人，自己能够适当提出意见	口语、场景	做得怎么样应该怎么做	引导儿童对别人不讲礼貌的行为做出评价

通过社交小故事向儿童表明"讲礼貌"在不同情境中应该怎么做。（例：嘴巴里塞满食物的时候应该闭着嘴吃东西）

教导儿童认识具体的情境中应该怎么做，通过卡通人物引出与讲礼貌相关的社交情景，然后做出提问并示范在该情境下的正确行为模式，最后要解释讲礼貌的好处。

学习完该社交小故事之后，通过"问题"模块，检验儿童对本课程内容的学习是否实现课程目标。

3. 情境演练

（1）教师用社交场景图片向儿童描述在该场景中，每个人应该做到的事情。过程中点击提问，如："咳嗽和打喷嚏时，应该用什么捂住嘴巴？"

（2）儿童真人演练场景。

（3）拓展到其他情境，请儿童自己说一说在别的场景中可以怎么做。

图 4-1-2 "你讲礼貌吗？"课件页

4. 综合活动

（1）教师带着儿童复述上述五个技巧步骤。

（2）教师带领儿童练习口诀：

① 是什么？

② 该做什么？

③ 做了吗？

④ 做得怎么样？

⑤ 应该怎么做？

5. 延伸活动

场景迁移：讨论还有哪些场景中也应该努力做个"讲礼貌"的好孩子。

四、学会做朋友

良好的同伴关系对于儿童发展而言至关重要，本单元主要训练的是儿童在同伴交往中的自我行为表现，目标是帮助儿童练习交往技能，提升同伴关系品质。

（一）教学主题：做别人的好朋友

（二）单元目标

本单元目标是，帮助儿童掌握做别人好朋友的方式与方法。课程借助社交故事，教导儿童如何做别人的好朋友。

（三）教具或参考资料

自闭与多动障碍干预仪软件—行为干预—交往技能—早期交往技巧。

（四）核心技能分解

明确自己所处的社交情境；
明确自己在这个情境中如何成为别人的好朋友；
在自然的情境中做出成为别人好朋友的良好行为；
对自己的行为表现做出评价。

（五）教学步骤与内容

1. 引发动机

教师播放"你能成为别人的好朋友吗？"引言部分，讲述与本课主题相关的绘本小故事，向儿童描述在好朋友面前可做与不可做的事情，导入"做别人的好朋友"的主题。

2. 核心主题教学

表 4-1-5 "做别人的好朋友"主题教学步骤表

步骤	提示		教学监控
	教师	儿童	
明确自己所处的社交情境	口语或手势	在哪	判断儿童是否知道自己所处的社交情境
明确自己在这个情境中如何成为别人的好朋友	口语或手势	怎么做	判断儿童是否明白自己在情境中如何成为别人的好朋友
在自然的情境中做出成为别人好朋友的良好行为	口语或手势	做了吗	判断儿童是否根据情境做出成为别人好朋友的良好行为
对自己的行为表现做出评价	口语或手势	做得怎样	引导儿童对自己的行为表现做出评价

通过社交小故事，向儿童表明"做别人的好朋友"在不同情境中应该怎么做。

教导儿童认识在具体的情境中应该怎么做，通过卡通人物引出与好朋友相关的社交情景，然后做出提问并示范在该情境下的正确行为模式，最后解释原因。

学习完该社交小故事之后，通过"问题"模块，检验儿童是否实现本单元课程目标。

3. 情境演练

（1）教师用社交场景图片向儿童描述在不同场景中，每个人是如何做别人的好朋友的。过程中点击提问，如："在……时，你能做别人的好朋友吗？"

（2）儿童真人演练场景。

（3）拓展到其他情境，请儿童自己说一说在别的场景中可以怎么做。

4. 综合活动

（1）教师带着儿童复述上述四个技巧步骤。

（2）教师带领儿童练习口诀：

① 在哪？

② 怎么做？

③ 做了吗？

④ 做得怎样？

5. 延伸活动

场景迁移：讨论还有哪些场景中应该学习"做别人的好朋友"。

五、学会分享

本单元通过社会故事法，创设与别人分享物品的情境，教会儿童有意识地与别人分享自己的物品，养成良好的行为习惯。借助情绪行为干预仪—社会交往—早期交往技能中的课件"你会和别人一起分享吗？"，教会儿童有意识地与别人分享自己的物品。

（一）教学主题：我会和别人分享

（二）单元目标

本单元课程目标是让儿童理解与人分享是人际交往中表示友好、关心的一种表现。在课程学习中，儿童需学会判断和体会别人的感受，并且能够在生活情境中恰当地与人进行分享。课程借助自闭与多动障碍干预仪软件—行为干预—交往技能—早期交往技巧中的课件"你会和别人一起分享吗？"，教会儿童与别人分享。

（三）教具或参考资料

自闭与多动障碍干预仪软件—行为干预—交往技能—早期交往技巧。

（四）核心技能分解

了解如何与他人分享；
体验与他人分享的乐趣；
判断在他人分享时如何回应；
在自然的情境中做出良好的分享行为；
能够对自己的行为表现做出评价。

（五）教学步骤与内容

1. 引发动机

教师播放"我会和别人分享"引言部分，讲述与本单元主题相关的绘本小故事；向儿童描述与人分享是一个让人开心的行为，会让他人感到被关注与产生愉悦感；导入"我会和别人分享"的主题。

2. 核心主题教学

表4-1-6 "我会和别人分享"主题教学步骤表

步骤	提示		教学监控
	教师	儿童	
了解如何与他人分享	口语、肢体、表情	我要怎么做/他的心情会怎么样	判断儿童是否知道与人分享的基本要点（如表情友善、语言恰当）

续表

步骤	提示		教学监控
	教师	儿童	
体验与他人分享的乐趣	口语、肢体、表情	他做了什么/他的心情怎么样	判断儿童的感受
判断在他人分享时如何回应	口语或肢体	为什么	能够通过指认图片或者口语表达来推测相应的情境
在自然的情境中做出良好的分享行为	口语或肢体	怎么做	通过操作执行或口语来做出正确反应
能够对自己的行为表现做出评价	口语或肢体	做得怎么样	判断儿童能否对自己的行为做出恰当的评价

通过社交小故事，向儿童表明"我会和他人分享"在不同情境中应该怎么做。（例：与朋友分享玩具、文具、食物）

教导儿童认识具体的情境中应该怎么做，通过卡通人物引出与分享相关的社交情景，然后做出提问并示范在该情境下的正确行为模式，最后要解释为什么要与他人分享。

学习完该社交小故事之后，通过"问题"模块，检验儿童对本课程内容的学习是否实现课程目标。

3. 情境演练

（1）教师用社交场景图片向儿童描述该场景，然后提问儿童，如："这个时候，××应该怎么做呢？"引导儿童回答出正确感受之后。再提问"那××得到了××，他的心情怎么样？"（例：小明手里有两根棒棒糖，而小红没有棒棒糖，此时，小明可以将一根棒棒糖分享给小红，小红感到很开心。）

（2）儿童真人演练场景。

（3）拓展到其他情境，请儿童自己说一说该情境下如何与别人分享。

4. 综合活动

（1）教师带着儿童复述上述五个技巧步骤。

（2）教师带领儿童练习口诀：

① 心情怎么样？/ 感受如何？
② 为什么？
③ 怎么做？
④ 做得怎么样？

5. 延伸活动

场景迁移：讨论还有哪些时候可以与他人分享，还可以怎么做。表 4-1-7 列出一种场景。

表 4-1-7 "我会和别人分享"主题延伸教学步骤表

情境	原因	怎么做
小明在操场上和朋友们一起跳绳时，发现小红一个人坐在椅子上	小红是新来的转学儿童，没有认识的小伙伴	邀请小红加入，一起跳绳

六、学会轮流

本单元旨在改善康复对象人际互动技巧和交往礼仪不足的现状，如不会等待，帮助康复对象发展出适当的互动方式，提升其人际互动的能力和范围，如师生互动、同伴互动等。

（一）教学主题：轮流玩

（二）单元目标

本单元目标是，让儿童初步学习和同伴友好地轮流玩的方法，提高同伴之间的相互配合能力，在轮流玩游戏中体会游戏的乐趣和朋友间的友谊。课程借助自闭与多动障碍干预仪软件—行为干预—交往技能—早期交往技巧中的课件"你会轮流玩吗？"，教会儿童在活动中轮流玩耍。

（三）教具或参考资料

自闭与多动障碍干预仪软件—行为干预—交往技能—早期交往技巧。

（四）核心技能分解

明确轮流玩的形式；
体会轮流玩的感受；
了解排队等待玩游戏的原因；
能够在真实场景中做到轮流；
能够对自己在轮流中的表现做出评价；
能够判断并对他人在轮流中的表现做出评价。

（五）教学步骤与内容

1. 引发动机

教师播放"你会轮流玩吗？"引言部分，出示各种不同的游戏场景图片，并且教师提问儿童"你想要玩吗"，导入"轮流玩"的主题。

2. 核心主题教学

表 4-1-8 "轮流玩"主题教学步骤表

步骤	提示		教学监控
	教师	儿童	
明确轮流玩的形式	口语或肢体	轮流是什么	判断儿童是否了解轮流玩的形式
体会轮流玩的感受	口语或肢体	感觉怎么样	判断儿童是否能正确体会轮流玩游戏所带来的感受
了解排队等待玩游戏的原因	口语或肢体	为什么要轮流	判断儿童是否能够通过指认图片或者口语来表达轮流玩的原因
能够在真实场景中做到轮流	口语或肢体	应该怎么做	通过口语表达自己等待玩游戏时应该怎么做

续表

步骤	提示		教学监控
	教师	儿童	
能够对自己在轮流中的表现做出评价	口语或肢体	做得怎么样	判断儿童是否能够对自己在轮流中的表现做出评价
能够对他人在轮流中的表现做出评价	口语或肢体	别人做得怎么样	判断儿童是否能够对他人轮流中的表现做出评价

通过社交小故事，向儿童展示轮流玩游戏的场景，并向儿童描述他人的各种不同感受（例：轮流玩很开心、不让自己玩很生气、一个人玩很无趣等）。

教导儿童了解具体的游戏情境与对应的处理办法，即了解如何与朋友轮流玩游戏，以及如何处理轮流过程。

通过软件进行判断选择，并获得软件和教师的针对性反馈。

学习完该社交小故事之后，通过"问题"模块，检验儿童对本课程内容的学习是否实现课程目标。

3. 情境演练

（1）教师用社交场景图片向儿童描述该场景。然后提问儿童，如："如果一次只能一个人玩游戏，你该怎么办？"引导儿童回答出正确答案之后，再提问"为什么你要耐心等待，为什么该你玩的时候再玩？"

（2）儿童真人演练场景。

（3）拓展到其他情境，请儿童自己说一说还可以在哪里做轮流玩的游戏，为什么要这样做，大家的感受是什么。

4. 综合活动

（1）教师带着儿童复述上述六个技巧步骤。

（2）教师带领儿童练习口诀：

① 是什么？

② 感觉怎么样？

③ 为什么这样做？

④ 应该怎么做？

⑤ 做得怎么样?
⑥ 别人做得怎么样?

5. 延伸活动

场景迁移：讨论还有哪些时候需要轮流玩，还可以怎么做。

七、学会倾听

本单元旨在解决康复对象人际互动技巧和交往礼仪不足的问题，如不会倾听，帮助康复对象发展出适当的人际互动方式，提升其人际互动的能力和范围，如师生互动、同伴互动等。

（一）教学主题：用眼睛倾听

（二）单元目标

本单元目标是让儿童学会在倾听他人的讲话时，眼睛、嘴巴、耳朵、大脑、手、脚、屁股该怎么做。课程借助自闭与多动障碍干预仪软件—行为干预—交往技能—早期交往技巧中的课件"你会用眼睛倾听吗?"，教会儿童在社会交往中学会倾听。

（三）教具或参考资料

自闭与多动障碍干预仪软件—行为干预—交往技能—早期交往技巧。

（四）核心技能分解

明确什么时候需要倾听；
明确自己在倾听时身体各个部位应该如何做；

在自然的情境中做出认真倾听的行为；

对自己的倾听行为表现做出评价。

（五）教学步骤与内容

1. 引发动机

教师播放"你会用眼睛倾听吗？"引言部分，讲述与本单元主题相关的绘本小故事；告诉儿童"大家喜欢能安静倾听别人讲话的孩子"；导入"用眼睛倾听"的主题。

2. 核心主题教学

表 4-1-9 "用眼睛倾听"主题教学步骤表

步骤	提示		教学监控
	教师	儿童	
明确什么时候需要倾听	口语或手势	别人在做什么的时候需要倾听	判断儿童是否在观察别人的行为
明确自己在倾听时身体各个部位应该如何做	口语或手势	眼睛、嘴巴、大脑、耳朵、手、脚等该做什么	判断儿童是否明白自己在情境中应该做的事情
在自然的情境中做出认真倾听的行为	口语或手势	做了吗	判断儿童能否根据情境做出适当的行动
对自己的行为表现做出评价	口语或手势	做得怎样	引导儿童对自己的行为表现做出评价

通过社交小故事，向儿童表明在别人讲话时身体的各个部位应该怎么做。（例：眼睛要注视对方，手要放好，脚要放好，要坐在座位上等）

教导儿童认识具体的情境中应该怎么做，软件通过卡通人物引出与倾听相关的社交情景，然后提问并示范在该情境下正确的行为模式，最后要解释为什么认真倾听别人讲话。

学习完该社交小故事之后，通过"问题"模块，检验儿童对本课程内容的学习是否实现课程目标。

3. 情境演练

(1)教师用社交场景图片向儿童描述在该场景中,每个人应该做到的事情。过程中点击提问,如:"别人在讲话的时候,你该怎样倾听呢?"

(2)儿童真人演练场景。

(3)拓展到其他情境,请儿童自己说一说在别的场景中可以怎么做。

4. 综合活动

(1)教师带着儿童复述上述四个技巧步骤。

(2)教师带领儿童练习口诀:

① 别人在做什么的时候需要倾听?

② 眼睛、嘴巴、大脑、耳朵、手、脚等该做什么?

③ 做了吗?

④ 做得怎样?

5. 延伸活动

场景迁移:讨论还有哪些场景中应该认真倾听别人讲话。

八、学会交谈

本单元的目标是教会康复对象在人际交往过程中合理地表达自己的要求,以便形成更良好的生活状态,发展出适当的生活方式。

(一)教学主题:和朋友交谈

(二)单元目标

本单元目标是,让儿童在与朋友交谈时讲文明、懂礼貌,进行一次有效率、有始终的谈话。课程借助自闭与多动障碍干预仪软件——行为干预—

交往技能—早期交往技巧中的课件"你会和朋友交谈吗？"，教会儿童礼貌地与朋友交谈。

（三）教具或参考资料

自闭与多动障碍干预仪软件—行为干预—交往技能—早期交往技巧。

（四）核心技能分解

明确自己所处的交谈环节；
明确自己在这个环节中应该表现的行为；
在谈话中做出礼貌的行为；
对自己谈话的行为做出评价。

（五）教学步骤与内容

1. 引发动机

教师播放"你会和朋友交谈吗？"引言部分，讲述与本单元主题相关的绘本小故事，向儿童描述一次交谈从开始到结束的过程，导入"与朋友交谈"的主题。

2. 核心主题教学

通过社交小故事向儿童表明"与朋友交谈"时，在谈话的不同环节中应该怎么做。（例：看到朋友打招呼、说话时看着对方的脸、谈话时轮流说、结束谈话要说明理由等）

教导儿童认识在具体的每一环节中应该怎么做，通过卡通人物引出与交谈相关的社交情景，然后做出提问并示范在该环节中的适当行为模式，最后解释为什么要礼貌地交谈。

表 4-1-10 "和朋友交谈"主题教学步骤表

步骤	提示		教学监控
	教师	儿童	
明确自己所处的交谈环节	口语或手势	是什么	判断儿童是否明确自己处在交谈中
明确自己在这个环节中应该表现的行为	口语或手势	该做什么	判断儿童是否明白自己在该环节中应该表现的行为
在谈话中做出礼貌的行为	口语或手势	为什么	判断儿童是否能够做出一些适当的行为
对自己谈话的行为做出评价	口语或手势	做了吗	引导儿童对自己的表现做出相应的评价

学习完该社交小故事之后，通过"问题"模块，检验儿童对本课程内容的学习是否实现课程目标。

3. 情境演练

（1）教师用社交场景图片向儿童描述在该交谈环节中应该表现的礼貌行为。过程中点击提问，如："看到朋友走过来，你该怎么做呢？"

（2）儿童真人演练场景。

（3）拓展到其他环节，请儿童自己说一说在别的交谈环节中可以怎么做。

4. 综合活动

（1）教师带着儿童复述上述四个技巧步骤。

（2）教师带领儿童练习口诀：

① 是什么？

② 该做什么？

③ 为什么？

④ 做了吗？

5. 延伸活动

场景迁移：讨论是否还有其他的与朋友礼貌交谈的方式。

九、学会控制音量

社交谈话中，个体交谈时的音量也会影响交谈的品质，学习对交谈时音量的管理能够帮助个体更好地与人沟通交流，参与社交。

（一）教学主题：正确使用声音

（二）单元目标

本单元目标是，让儿童有意识地对自己的声音进行管理和控制，学会在不同的场合使用不同的声音。课程借助自闭与多动障碍干预仪软件—行为干预—交往技能—早期交往技巧中的课件"你会正确地使用声音吗？"，教会儿童有意识地对自己的音量进行控制。

（三）教具或参考资料

自闭与多动障碍干预仪软件—行为干预—交往技能—早期交往技巧。

（四）核心技能分解

明确自己所处的环境；
明确自己在某一情境中应该发出怎样的声音；
在合适的情境中发出正确的声音；
对自己的行为表现做出评价。

（五）教学步骤与内容

1. 引发动机

教师播放"你会正确地使用声音吗？"引言部分，讲述与本单元主题相关的绘本小故事;向儿童描述什么是大声和小声,要根据不同的情况使用不同的声音;导入"正确使用声音"的主题。

2. 核心主题教学

表 4-1-11 "正确使用声音"主题教学步骤表

步骤	提示		教学监控
	教师	儿童	
明确自己所处的环境	口语或手势	在哪	判断儿童是否清楚自己所处的环境
明确自己在某一情境中应该发出怎样的声音	口语或手势	该用大声还是小声	判断儿童是否明白自己在情境中应该发出什么样的声音
在合适的情境中发出正确的声音	口语或手势	我用大声/小声说	判断儿童是否根据情境发出正确的声音
对自己的行为表现做出评价	口语或手势	做得怎么样	引导儿童对自己的声音做出评价

通过社交小故事向儿童表明在不同情境中应该发出不同音量大小的声音。(例:安静的场景中需要小声,嘈杂的场景中需要大声)

教导儿童认识具体的环境中应该发出怎么样的声音,通过卡通人物引出与声音相关的社交情景,然后做出提问并示范在该情境下使用的声音,最后解释为什么要使用这种声音。

学习完该社交小故事之后,通过"问题"模块,检验儿童对本课程内容的学习是否实现课程目标。

3. 情境演练

(1)教师用社交场景图片向儿童描述在该场景中,每个人应该发出的声音。过程中点击提问,如:"在校车中,你应该使用什么样的声音?"

(2)儿童真人演练场景。

(3)拓展到其他情境,请儿童自己说一说在别的场景中应该怎么做。

4. 综合活动

(1)教师带着儿童复述上述四个技巧步骤。

（2）教师带领儿童练习口诀：

① 在哪？

② 该用什么样的声音？

③ 我用大声/小声说话了吗？

④ 做得怎么样？

5. 延伸活动

场景迁移：讨论还有哪些场景中需要"大声"，哪些场景中需要"小声"。

十、学会拒绝

在生活中，拒绝他人也是人际交往过程中不可避免的一部分，本单元的目标是教会康复对象在人际交往过程中恰当地拒绝他人的不合理要求，用恰当的语言表明自己的态度，掌握人际交往技巧。

（一）教学主题：勇敢应对

（二）单元目标

本单元目标是让儿童学会勇敢应对同伴的欺凌，走开或寻求成人的帮助。课程借助自闭与多动障碍干预仪软件—行为干预—交往技能—早期交往技巧中的课件"你能勇敢应对吗？"，教会儿童有勇气应对霸凌，免受欺负。

（三）教具或参考资料

自闭与多动障碍干预仪软件—行为干预—交往技能—早期交往技巧。

(四)核心技能分解

明确自己所处的环境是否安全,能否寻求帮助;
明确这个情境中应遵守的规则;
当他人不遵守规则并侵犯自己时应做出的行为;
对自己的行为表现做出评价。

(五)教学步骤与内容

1. 引发动机

教师播放"你能勇敢应对吗?"引言部分,讲述与本单元主题相关的绘本小故事,告诉儿童面对他人的侵犯应勇敢面对,导入"勇敢应对"的主题。

2. 核心主题教学

表 4-1-12 "勇敢应对"主题教学步骤表

步骤	提示		教学监控
	教师	儿童	
明确自己所处的环境	口语或手势	在哪	判断儿童是否明白自己所处的环境(学校、公共场所或是陌生环境等)
明确这个情境中应遵守的规则	口语或手势	应该遵守哪些规则	判断儿童是否明白自己在情境中正在进行的活动,应遵守的规则是什么
当他人不遵守规则并侵犯自己时应做出的行为	口语或手势	怎么做	能够对别人的辱骂、威胁、殴打做出勇敢应对(及时制止或寻求成人的帮助)
对自己的行为表现做出评价	口语或手势	做得怎么样	引导儿童对自己的行为做出评价

通过社交小故事向儿童表明面对他人的侵犯,应该怎么做。(例:对插队行为说不,别人诬陷你时勇敢说出真相,遭遇威胁时及时告诉老师或家长等)

教导儿童在面对别人的欺凌或威胁时应该怎么做,当自己有能力制止时应勇敢挺身而出,制止对方的不当行为;当自己没有能力当场制止时应学会寻求家长或教师的帮助。通过卡通人物引出与"勇敢应对"相关的社交情景,然后做出提问并示范在该情境下的正确行为模式,最后解释为什么要勇敢应对。

学习完该社交小故事之后,通过"问题"模块,检验儿童对本单元内容的学习是否实现课程目标。

3. 情境演练

(1)教师用社交场景图片向儿童描述在该场景中,每个人应该遵守的(游戏)规则,过程中点击提问,如:"在……中,如果有人插队在你前面,你应该怎么做?"

(2)儿童真人演练场景。

(3)拓展到其他情境,请儿童自己说一说在别的场景中可以怎么做。

4. 综合活动

(1)教师带着儿童复述上述四个技巧步骤。

(2)教师带领儿童练习口诀:

① 在哪里?

② 应该遵守哪些规则?

③ 当他人不遵守规则并侵犯自己时应该怎么做?

④ 做得怎么样?

5. 延伸活动

场景迁移:讨论在哪些场景中我们也应该勇敢应对。

十一、体谅他人

体谅他人的能力是一种很重要的能力,本单元的教学目标主要是让儿童学习体会他人的情绪与情感，培养共情能力。

（一）教学主题：知道别人的感受

（二）单元目标

本单元目标是，让儿童感受"生气""害怕""开心""兴奋"等情绪，学会判断和体会别人的感受，并且能够在生活情境中关心体谅他人。课程借助自闭与多动障碍干预仪软件—行为干预—交往技能—早期交往技巧中的课件"你知道别人的感受吗？"，教会儿童关心体谅他人。

（三）教具或参考资料

自闭与多动障碍干预仪软件—行为干预—交往技能—早期交往技巧。

（四）核心技能分解

体会不同的感受；
判断不同的感受；
了解情境与感受之间的因果关系；
面对他人的感受，能够做出恰当反应。

（五）教学步骤与内容

1. 引发动机

教师播放"你知道别人的感受吗？"引言部分，出示各种不同的情绪表情图片，并且教师模仿不同的表情，向儿童描述人有各种不同的感受，导入"知道别人的感受"的主题。

2. 核心主题教学

表 4-1-13 "知道别人的感受"主题教学步骤表

步骤	提示		教学监控
	教师	儿童	
体会不同的感受	口语、手势、表情	感觉怎么样/他的感受是什么	判断儿童是否在思考想象，已经不自觉露出相应表情
判断不同的感受	口语、手势、表情	感觉怎么样/他的感受是什么	是否能正确判断或命名不同的感受
了解感受和情境之间的因果关系	口语或手势	为什么	能够通过指认图片或者口语表达来推测感受对应的情境
对他人的感受做出恰当回应	口语或手势	怎么做	通过操作执行或口语来做出对他人感受的正确反应

通过社交小故事，向儿童表明在不同的情境下会有各种不同的感受，并且通过情境描述和想象，带领儿童体会他人的各种不同感受。（例：东西被抢走了会生气、妈妈离开宝宝会伤心、做喜欢的事情会开心、被开玩笑时会难为情）

教导儿童通过面部表情、身体动作等去判断他人的感受。通过软件进行判断选择，并获得软件和教师的针对性反馈。

教导儿童了解具体的情境与感受之间的关系，即了解什么样的情境会引发怎样的感受，以及引发当下感受的具体情境有可能出于什么原因。

教导儿童在他人产生某种感受的时候，应该如何应对，如何关心体谅他人。

学习完该社交小故事之后，通过"问题"模块，检验儿童对本单元内容的学习是否实现课程目标。

3. 情境演练

（1）教师用社交场景图片向儿童描述该场景。然后提问儿童，如："这个时候，××的感受是什么呢？"引导儿童回答出正确感受之后，再提问"××感觉很××（情绪），我们应该怎么样呢？"（如：楠楠很伤心，

可以轻轻拍拍她的背，安慰她）

（2）儿童真人演练场景。

（3）拓展到其他情境，请儿童自己说一说该情境下的感受是什么，为什么有这样的感受，应该怎么做。

4. 综合活动

（1）教师带着儿童复述上述四个技巧步骤。

（2）教师带领儿童练习口诀：

① 感觉怎么样？／感受是什么？

② 为什么？

③ 怎么做？

5. 延伸活动

场景迁移：讨论还有哪些时候会有××（伤心、生气）的感受，还可以怎么做。表4-1-14列出两种场景。

表4-1-14 "知道别人的感受"主题延伸教学步骤表

感受	情境（原因）	怎么做
哥哥很生气	我把他的玩具弄坏了	向哥哥道歉 请爸爸帮忙修玩具
妹妹很伤心	发夹丢了	帮妹妹找发夹 抱抱妹妹安慰她

十二、克服困难

（一）教学主题：不断尝试

（二）单元目标

本单元目标是让儿童学会不断尝试新事物，学会自信地面对困难，做一个勇于不断尝试的孩子。课程借助自闭与多动障碍干预仪软件—行为干预—交往技能—早期交往技巧中的课件"你会不断尝试吗？"，教会儿童不断尝试新事物。

（三）教具或参考资料

自闭与多动障碍干预仪软件—行为干预—交往技能—早期交往技巧。

（四）核心技能分解

帮助儿童明确什么情境下需要不断尝试；
儿童在合适的情境下做出敢于尝试的行为；
向儿童解释为什么需要不断尝试；
引导儿童对自己的行为进行评价。

（五）教学步骤与内容

1. 引发动机

教师播放"你会不断尝试吗？"引言部分，鼓励儿童在成长过程中不断尝试新事物，遇到困难也不要放弃，导入"不断尝试"的主题。

2. 核心主题教学

表 4-1-15 "不断尝试"主题教学步骤表

步骤	提示		教学监控
	教师	儿童	
帮助儿童明确什么情境下需要不断尝试	口语	什么情境	判断儿童是否明确什么情境下需要不断尝试
儿童在合适的情境下做出敢于尝试的行为	口语	做了吗	判断儿童是否根据情境做出尝试的行为
向儿童解释为什么需要不断尝试	口语	为什么	判断儿童是否明白自己为什么需要不断尝试

续表

步骤	提示		教学监控
	教师	儿童	
引导儿童对自己的行为进行评价	口语	感觉怎么样	引导儿童表述自己不断尝试后的感受

通过社交小故事,向儿童表明遇到困难、学习新事物等应该如何做到"不断尝试"。

教导儿童认识具体的情境中应该怎么做,通过卡通人物引出与尝试相关的社交情景,然后做出提问并示范在该情境下的正确行为模式,要向儿童解释为什么要不断尝试。

学习完该社交小故事之后,通过"问题"模块,检验儿童对本单元内容的学习是否实现课程目标。

3. 情境演练

(1)教师用社交场景图片向儿童描述在该场景中,儿童应该怎么做。过程中点击提问,如:"在遇到困难时,你应该怎么做?"

(2)儿童真人演练场景。

(3)拓展到其他情境,请儿童自己说一说在别的场景中可以怎么做。

 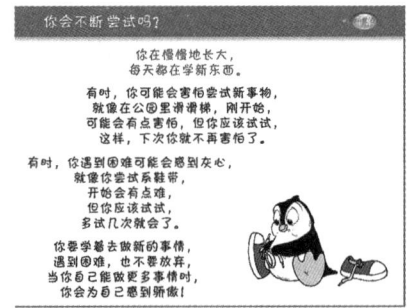

图 4-1-4 "你会不断尝试吗?"课件页

4. 综合活动

(1)教师带着儿童复述上述四个技巧步骤。

(2)教师带领儿童练习口诀:

① 什么情境?
② 做了吗?
③ 为什么?
④ 感觉怎么样?

5. 延伸活动

场景迁移：讨论还有哪些场景中应该努力进行"不断尝试"。

第二节　生活情境交往技能干预

一、训练目标

能在自理能力、简单生活、家人互动、休闲活动中表现出恰当的家庭适应行为；

能在校园适应、情感适应、人际适应、校园规则中表现出恰当的学校适应行为；

能在社区适应、社区规则、安全适应中表现出恰当的公共场所适应行为。

二、训练内容

（一）良好行为塑造

康复师要通过组织有效的训练活动让康复对象表现出家庭、学校、公共场所中所需要的适应性和发展性行为，这是康复对象适应家庭、学校生活，与人进行良好的人际互动，适应公共场所的环境并遵守其规则的基础。改变康复对象的不良行为，首先要着重对康复对象良好行为进行正面引导和塑造。康复师通过各种形式的训练活动和训练方法帮助康复对象掌握行为规则，分辨良好的和错误的行为的具体表现，是本课程重要的康复目标。

康复师可根据本课程的目标以及康复对象行为表现的特殊情况，选择和确定良好行为塑造的训练内容。对于训练项目中的目标与内容，康复师应采用符合康复对象年龄及能力特点的语言进行描述，这样方便康复对象更好地获取知识。

训练要着重让康复对象习得良好的行为，纠正错误的行为，通过强化、惩罚等方法实现训练目标。康复师要充分利用各种资源，如展示正确和错误行为的视频、图片、绘本等，对良好行为的要求进行说明讲解，对错误行为进行分析，指出不当之处；训练中要充分利用生活中的素材，将康复对象在学校、家庭、公共场所遇到的真实问题作为教学材料，促进康复对象理解正确的行为，并促进其在日常生活中更好地表现出相应的良好行为，遵守相应的行为规则。

良好行为塑造的训练效果体现在康复对象能够在家庭、学校、公共场所中表现出良好的行为，并能遵守不同场所的规则。康复师除了课堂讲解外，应通过脚本法进行真实场景的模拟（如图4-2-1所示），让康复对象在模拟的场景中习得和掌握良好行为。

图 4-2-1　真实场景模拟图

对于康复对象表现出来的良好行为，康复师要通过鼓励、表扬等强化方法促进康复对象更好地将良好行为内化为自己的行为习惯。对于错误的行为，康复师应通过耐心引导、辅助等方式帮助康复对象纠正错误行为，习得良好行为。对于残联和特殊学校，良好行为塑造课程的主讲教师应与其他相关课程教师一起制定策略，共同促进康复对象在学校生活过程中掌握良好行为的规则，注意确保干预观点、干预策略、干预方法的一致性。

在良好行为塑造的训练过程中应体现个别化教育原则。可根据不同康复对象的特点略作调整，规则要求也可有所变化。对于一些能力受限制或者生理存在特殊情况的康复对象，康复师要考虑他们的训练需要，对他们的良好行为要达到的水平以及相应的训练活动组织形式要进行调整。

（二）问题行为干预

康复对象存在的问题行为虽有一定的共性，但个体差异较大，应具体问题具体分析，因材施教。

1. 问题行为干预流程

（1）对康复对象表现出来的问题行为进行评估，确认是否有进行干预的必要；

（2）对需要干预的问题行为进行功能性行为分析，确认问题行为产生的前因后果，明晰问题行为的影响；

（3）制订有针对性的干预计划，做到目标明确、步骤清晰、措施有效、保障有力；

（4）实施行为干预计划，按照计划实施问题行为的干预，培养良好行为；

（5）监控行为干预全程，及时修订和调整干预计划，确保干预目标的实现；

（6）结束行为干预，对康复对象实施常规的教育教学。

具体流程如图 4-2-2 所示：

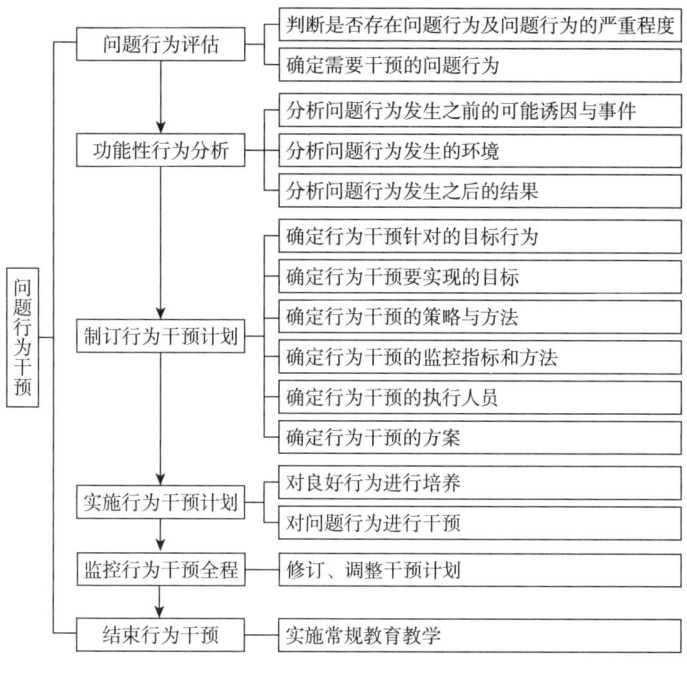

图 4-2-2　问题行为干预流程图

2. 问题行为干预的注意事项

在开展康复对象问题行为干预的过程中，应重视对问题行为进行功能性分析。康复对象的个体差异较大，通过对问题行为的功能性行为分析，能够准确把握康复对象问题行为的动力因和目的因。行为心理学非常强调分析事件的前因（antecedent）、行为（behavior）、结果（consequence）及三者之间的关联，即行为的 a、b、c 分析。针对问题行为的干预可以将调控前因、改变行为结果、教导适应性行为或替代性行为作为主要思路。具体如图 4-2-3 所示。

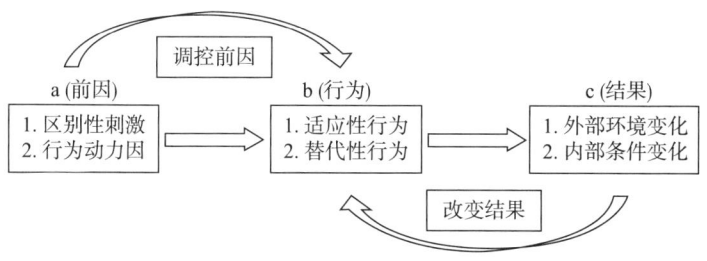

图 4-2-3　问题行为干预思路图

3. 灵活运用行为干预的方法

（1）常用的行为干预方法有强化法、惩罚法、塑造法、渐隐法、消退法、刺激促进法、链锁法、代币法、系统脱敏法、认知行为干预法等。

（2）重视对康复对象行为干预的一致性。

（3）强调多场景（学校、家庭、公共场所）的干预合作，确保干预观点、干预策略、干预方法的一致性。

（4）重视问题行为的预防。

（5）重视康复对象学习与生活的环境的调整，减少问题行为发生的诱因，创造更多条件诱发良好行为的出现。

（6）重视促进康复对象综合能力的发展。

（7）康复对象问题行为的产生除了行为的前因与后果之外，在很大程度上与康复对象相关能力的缺乏和不足密切相关，因此应重视通过习得良好行为来促进康复对象综合能力的发展，从而减少乃至消除问题行为。

第五章

生活自理干预

第一节 生活自理干预目标和原则

培养和发展生活自理能力对于特殊儿童的身心发展具有重要的意义。特殊儿童生活自理能力发展的同时，身心也获得了发展，二者是相辅相成的。在各种培养和发展生活自理能力的活动中，需要儿童身体的各个部位的密切配合。例如，练习刷牙，就需要手、眼、嘴的协调一致、共同作用来完成。特殊儿童由于身心障碍，身体某些部位会出现不协调的情况，通过生活自理能力的训练，可以促进特殊儿童身体的发展，使其身心变得协调。同样，身心发展水平的提高反过来又为生活自理能力的发展提供了保障和前提。

一、干预目标

生活自理能力的训练目标在于使特殊儿童形成良好的个性品质和行为习惯。通过生活自理能力的训练，培养儿童的基本生活技能，以提高儿童的社会适应能力，提升其生存质量。

生活自理能力的目标还在于补偿特殊儿童的缺陷，促进儿童潜能的发展，为儿童将来适应社会生活奠定基础。生活自理能力发展可以促进儿童积极思考怎样做才能更快更好地去完成，同时还要记住先做什么，再做什么，然后做什么等。

儿童实现生活自理是踏入社会的第一步，也是从事社会生活的前提和基础。在生活自理能力的训练过程中，儿童掌握了一定的技能技巧，为将来的工作奠定了能力基础，从而能够更好地适应社会。

二、干预原则

生活自理能力训练应该贯穿于日常生活中,但需拟订一个周密的、切合实际的训练计划,才有可能取得较好的效果。在训练时需要注意以下三个方面:

其一,分解步骤。每项训练内容本身都有一定的系统性和连贯性,可将训练内容分解为许多细小的连贯的步骤,一步一步地进行训练。

其二,反复练习。生活自理能力的训练常需要儿童双手的精细动作以及视觉和其他部位的协调配合,而特殊儿童的感知觉、动作能力均较差,学会这些动作很费力,因此在指导他们时,需要经过反复练习才能实现目标。

其三,程序化。生活自理能力的训练不能只是注意某项内容的系统性,还要将各方面的训练内容按一日生活的规律组织好,使之程序化,让儿童自然而然地去学习这些日常生活中的行为习惯。例如,早晨起床后要穿衣服、穿袜子、穿鞋,然后刷牙、洗脸、梳头、吃饭,让一系列生活自理活动按一定的顺序井井有条地进行,让儿童一项接一项按次序地学习、练习就是训练的重点,儿童稍有进步就应及时表扬,让儿童在程序化的训练过程中掌握技能,并形成习惯。

生活自理一般是指自我服务性活动。在这里,我们从进食(包括喝水)、如厕、穿(脱)衣服三个方面举例来说明。任何一个生活自理活动都是由几个环节组成的链条,因此,我们在训练前,要首先将活动分解成若干个环节,然后根据环节逐一进行训练。可以从第一个环节开始训练,我们称为前进法;也可以从最后一个环节开始训练,我们称为后退法;还可以从最简单的环节开始训练,具体情况依儿童的能力而定。当每个环节都能完成得很好时,要将各个环节连成链条,训练儿童活动的连续性、完整性。

生活自理技能训练

一、进食训练

进食的技能是与儿童生活最相关的基本自理技能。进餐的成功与否取决于儿童手部动作的发育、手眼协调能力等因素,针对进食技能的训练具有十分重要的意义。

（一）喝水训练

1. **材料的选择**

杯子的大小要适中,易于儿童操作。

2. **步骤**

（1）学会拿空杯子；
（2）拿起装有水的杯子（开始时水不要太多）；
（3）将杯子移到嘴边；
（4）喝水；
（5）将杯子放下。

3. **具体训练过程**

（1）把空杯子放在儿童面前,对他/她说"拿杯子"。如果儿童不能做出正确反应，马上辅助他／她用正确的手部姿势将杯子拿起，并用语言表扬他／她，直到他／她能独立拿起杯子为止。

（2）把装有水的杯子放在儿童的面前，对他／她说"拿杯子"。如果儿童不能独立完成，马上辅助，直到他／她能独立完成为止。

（3）前两项独立完成后，不再给予语言提示"拿杯子"，改成语言提示"把杯子端起来"。如果儿童不能独立完成，马上辅助他／她保持手臂的平衡，将杯子移到嘴边。当儿童能够独立完成时，不再给予语言提示。

（4）以上三项独立完成后，给予语言指令"喝水"。如果儿童不能独立完成，马上辅助他／她；如果儿童能够张开嘴喝水，要马上强化他／她的行为。

（5）以上四项独立完成后，给予语言提示"把杯子放桌子上"。如果儿童不能独立完成，马上辅助他／她将杯子从口中拿出来，放到桌子上，给予强化。儿童一旦能独立完成，则不再给予语言提示。

以上运用的是身体辅助。如果儿童已经具备一定的动作模仿能力，用示范的方法当然更好。当儿童能够独立完成喝水的整个过程，训练儿童想喝水时自己主动找杯子，逐渐训练儿童自己去饮水机接水喝。

（二）用餐：使用勺子

由于勺子是最易于操作的进餐工具，因此用勺子教儿童进餐最易于儿童掌握。

1. 材料的选择

勺子的大小要适中，易于儿童操作。食物从儿童喜欢的、软的食物开始，如苹果酱、粥等，因为软的食物更容易被装进勺子中。喜欢的食物可以增加儿童进食的欲望，提高儿童使用勺子的积极性。

2. 步骤

采用前进、后退、连环法均可，以下以前进法为例：

（1）拿起勺子；

（2）将勺子移至碗边；

（3）用勺子舀食物；

（4）从碗里将装有食物的勺子拿出来；

（5）将装有食物的勺子送入口中；

（6）将勺子从口中拿出来，放到桌子上。

3. 具体训练过程

（1）把勺子放在碗的旁边，对儿童说"吃吧！"如果儿童不能做出正确反应，马上辅助他/她将勺子拿起，并用语言表扬他，同时从碗中拿出一小块食物给他/她作为奖励，直到他/她能独立拿起勺子为止。

（2）把勺子放在碗的旁边，对儿童说"吃吧！"当儿童成功地拿起勺子，马上提示他/她"把勺子放碗里"。如果儿童不能独立完成，马上辅助，直到他/她能独立完成为止。儿童一旦能独立完成，就不再给予语言提示"把勺子放碗里"，以免儿童依赖辅助。

（3）前两项独立完成后，给予语言提示"舀××（食物的名称）"。如儿童不能独立完成，马上辅助他/她转动手腕将勺子插入食物的下面将食物装进勺中，及时给予强化。当儿童能独立完成这一步，则不再给予语言提示"舀××（食物的名称）"。

（4）以上三项独立完成后，给予语言提示"把勺子端起来"。如果儿童不能独立完成，马上辅助他/她保持手臂的平衡，将勺子靠近口部。当儿童能够独立完成时，不再给予语言提示"把勺子端起来"。

（5）以上四项独立完成后，给予语言提示"把勺子放嘴里"。如果儿童不能独立完成，马上辅助他/她。如果儿童能够张开嘴接受食物，要马上强化他/她。儿童一旦能独立完成，则不再给予语言提示"把勺子放嘴里"。

（6）以上五项独立完成后，给予语言提示"把勺子放在桌子上"。如果儿童不能独立完成，马上辅助他/她将勺子从口中拿出来，放到桌子上，给予强化。儿童一旦能独立完成，则不再给予语言提示"把勺子放在桌子上"。

以上运用的是身体辅助。如果儿童已经具备一定的动作模仿能力，用示范的方法当然更好。一旦儿童可以独立地用勺子吃一些软的食物以后，可以教他/她吃体积小一些的固体的食物。辅助的关键是保持平衡，将装入食物的勺子送入口中。儿童能够使用勺子独立吃各种不同的食物后，可以教他/她用筷子吃饭。学习使用筷子，首先教儿童拿筷子的正确姿势，手指的正确部位，然后练习用筷子夹起一些固体的东西，如小积木块等，最后练习用筷子吃饭。

二、如厕训练

在生活自理的各项内容中，如厕技能是在儿童成长过程中必须具备的重要技能，也是最受其照料者和教育者关注的内容。特殊儿童能否独立完成如厕，对父母及陪伴人员的护理负担具有很大影响。如厕训练的目标不仅是排尿或排便，更应是从有便感到便后处理中的一连串行为的完成和联结。国外的研究结果表明：经过一天的强化训练成功地教会一些儿童如厕的技能是完全可能的。经过一天10个小时的训练，当康复师要求儿童如厕时，儿童应该掌握此项技能。

（一）训练目标

（1）感知与传达：有便感，能够将便感表现出来，并让别人了解自己想如厕。

（2）选择场所：在熟悉的或不熟悉的场所，能够等待进入厕所后再排便。

（3）便前及便后的处理：能够做到如厕前脱裤子，如厕后使用手纸，穿好裤子，冲厕，洗手，出来。

一个特殊儿童只有在以上环节中都能顺利进行时，才可以说他/她已经养成了良好、规范的如厕习惯。要训练儿童如厕的行为首先应该对照以上环节找出问题所在，找到了问题，再针对性地进行训练，训练时要把握以下原则：细心观察、及时提醒、辅助到位、持之以恒。

（二）训练步骤

1. 观察

观察儿童在如厕之前通常会有哪一种或几种表现，必要时记录下来，并让儿童身边的人都要了解。观察儿童时要尽量表现自然，避免儿童有被监视的感觉；否则会增加儿童如厕前的紧张感，给训练增加难度。一旦发现儿童的便感表现，及时提醒儿童"上厕所"，注意说话时要平静，不要流露出紧张的情绪。

2. 辅助

如果发现儿童不知道厕所在哪里，或者是他/她虽然知道却没有表现出要去的样子，在提醒儿童如厕的同时用手指出厕所的位置；如果看到儿童还没有反应，就应带领他/她走到厕所，同时夸奖他/她"真棒！"（目的是让儿童逐渐感受到这样做是正确的）。辅助几次以后，要观察儿童是否有独立反应的能力，逐步减少辅助。

3. 持续练习

训练时需要注意儿童身边的人须采取一致的态度，让儿童全家人共同参与训练是非常重要的。或者在训练初期确定一个人专门负责操作训练。儿童在出现错误行为后，康复师正确的做法是采取忽视的态度；让儿童有一定的参与或指导辅助儿童换衣服；尽量在有目光接触的情况下，用严肃的表情告诉儿童的行为"错了"；告诉他/她厕所在哪里，指着厕所说"要在厕所里小便哦"；将儿童喜欢的东西展示在他/她面前，然后拿走，同时告诉他/她"没有巧克力了，因为你尿裤子了"。对于语言理解力较弱的儿童要用动作和手势辅助。

4. 及时强化

当儿童做出正确反应时，要及时夸奖儿童，口头夸奖要及时、发自内心。而家长常常在儿童做对时，表情漠然，还不停地追加要求"快点儿"，儿童则无法体验到成就感。

(三)所需材料

尿盆、计时器、记录本和大量儿童喜欢的饮料、小食品、玩具等。

(四)前备技能

儿童已经掌握了穿、脱裤子的技能。

(五)训练过程

训练前的准备:强化如厕训练的当天要注意:让儿童饮入大量的水,激发其排尿需求,训练贯穿全天。

1. 制造需求

早上起床后,辅助儿童说"尿",让他/她坐在马桶上,或用图片等非口语的方式演示他/她上厕所的需要。给他/她提供大量的水和易于口渴的食品。这一步儿童不应穿任何内裤和裤子,以避免造成理解上的混乱。儿童坐在马桶上30分钟,可以看书、拼图等做任何他/她喜欢的活动,活动由儿童自主选择。当他/她排出尿,大力表扬并给予他/她饮料作为强化,为下一次排尿做准备。让儿童离开厕所玩5分钟(如果预先判断儿童在玩时很可能排尿,则缩短他/她玩的时间)。5分钟后,让儿童再次回来坐在马桶上,每隔3分钟对他/她坐得好给予表扬并提供饮料。如果30分钟过去,儿童没有排尿,让儿童在马桶附近玩5分钟且保持不穿裤子。如果儿童在休息期间开始排尿,立刻让他/她回到马桶上并强化他/她将尿排到马桶里的行为。如果儿童没有排尿,让他/她再玩5分钟,然后回到马桶上再坐30分钟。

2. 引导如厕行为

当儿童成功排尿三四次后且玩的同时不排尿,则将坐在马桶上的时间减少为25分钟,玩的时间延长为7分钟。如果在玩时开始排尿则马上让他/她坐到马桶上。如果儿童连续三四次排尿成功,延长其休息时间至15

分钟，逐渐减少其坐在马桶上的时间，改为 5 分钟。当掌握了以上两步后，让儿童穿上裤子。

3. 强化如厕行为

如果儿童在休息的时候没有尿裤子，那么可以延长其休息的时间，坐在马桶上的时间要适当减少。在儿童休息的时候，要注意检查儿童的裤子。如果儿童尿裤子了，要让儿童看看尿湿的裤子，对儿童说"不行"。可以用让儿童持续洗 2 分钟裤子的方式作为惩罚，休息时间要减少为 5 分钟。

4. 巩固行为

继续强化儿童在厕所里排尿和在休息时间里没有尿裤子的行为，一直持续到睡觉时间。晚上可以让儿童使用尿布。

5. 正常化

经过一天的强化训练，回到儿童的正常作息时间。当休息的时间一过前一天训练时的间隔时间，继续提醒儿童上厕所。继续保持几天训练时儿童的衣着：一件上衣和一条裤子。用定时器把握儿童排尿的间隔时间，对减少尿裤子很有帮助。继续强化没有尿裤子的行为。

几周以后，逐渐延长休息的时间。对于大部分儿童来说，间隔时间大概是 1 个小时或者一个半小时。例如：如果儿童在一天的强化训练结束时，间隔时间为 30 分钟，坐在马桶上的时间为 5 分钟或是更少，那么第二天仍然保持这样的时间间隔。然后延长间隔时间到 35 分钟。以后每 2 天间隔时间延长 5 分钟。如果在这个过程中儿童出现尿裤子的行为，则减少间隔时间。

6. 其他如厕相关技能

（1）目标指引：男孩站着排尿有时会尿不准，尿到便池外面。最好给他们确定一个目标。可以在便池内放一个东西，作为目标。

（2）擦拭清洁：指令"撕纸"，帮助儿童确定手纸的长度后再撕下来，擦完后给予语言提示。必要时辅助儿童将纸扔到纸篓里。

（3）冲水：儿童排便以后，发指令"冲水"，可以手把手辅助儿童按下或打开马桶冲水的开关。如果儿童有模仿能力，可以示范给他/她看，然后强化他/她的行为。在训练开始时，可以用便盆。由于儿童的控制时间短，便盆的位置要安放在距离儿童不远的地方，这样可以保证儿童及时排便。随着儿童控制时间的延长，逐渐要求儿童到厕所排便。相比便盆，马桶更利于儿童的如厕训练。

三、穿、脱衣服训练

一般来说，脱衣服比穿衣服技能更容易掌握，因此，教儿童从脱衣服开始更适合。对儿童来说，一般先学会脱鞋，脱袜子，逐步到脱裤子，脱上衣。系扣子、系鞋带是最难掌握的，可以放到最后再教。先将脱衣服分解成若干个环节，然后对照个体，看儿童在哪个环节有问题。一般常常采用后退法，即从最后一个环节开始训练。在训练穿、脱衣服时，一般采用示范和身体辅助的方法，具体情况依个案能力而定。

（一）脱衣服

1. 预备能力

具备一定的使用物品的模仿能力、大动作的模仿能力和一定的语言理解能力。脱衣服从脱上衣开始练习，儿童最易掌握。

2. 材料的选择

选择一件宽松易穿脱的衣服，如练习脱T恤衫，要选择一件宽松的、领口大的短袖T恤衫进行练习。鞋和袜子也要选择宽松的、尺寸大的。

3. 训练步骤

以穿、脱外套为例：

（1）解开扣子或拉链；

（2）将一只胳膊从袖子里脱出；
（3）将另一只胳膊从肩膀处脱出。

（二）穿衣服

1. 预备能力

具备一定的使用物品的模仿能力、大动作的模仿能力和一定的语言理解能力。穿衣服从穿上衣开始练习，儿童最易掌握。

2. 材料的选择

选择一件宽松易穿脱的衣服，如练习脱 T 恤衫，要选择一件宽松的、领口大的短袖 T 恤衫进行练习。鞋和袜子也要选择宽松的、尺寸大的。

3. 训练步骤

（1）抓住衣服的领子，使领子在上，衣摆在下；
（2）注意衣服的外侧朝外，衣服的纽扣应当在衣服的外表面（或拉链在外），拼接的线脚在里面；
（3）衣服的前后襟与身体前后一致，开襟穿在前面；
（4）拿住衣服一侧的前襟，将一只胳膊伸进这一侧的袖子；
（5）抓住衣服另一侧的前襟，另一只胳膊伸入这一侧的袖子；
（6）对齐两侧前襟上的纽扣或拉链；
（7）依次从上往下或从下往上系纽扣（或从下往上拉好拉链）；
（8）翻好领子，整理袖子和衣摆。

第六章

情绪行为干预监控

治疗过程中的干预监控非常重要，依据ICF工作流程，康复师每一次干预结束后，应对儿童进行实时监控，康复师可根据训练内容及个案的表现填写对应训练内容的实时监控表，记录该次训练的结果并对个案该次情绪识别的干预效果进行实时监控。实时监控内容依据每次干预的内容而定。康复师在进行干预的过程中，可根据儿童的实际能力，选择相应的训练内容，并对该能力进行训练效果的短期监控，确保康复训练的有效性。

情绪功能干预短期目标监控

ICF 儿童情绪功能干预短期目标监控表主要用于监控儿童情绪功能的短期干预效果，康复师可根据儿童训练的内容和阶段选择对应的表格，在日期中填写初次评估和当前短期评估的日期，并在"原始分"一栏中记录情绪功能精准评估表的得分，并在"损伤程度"栏下分别记录 ICF 功能等级信息。见表 6-1-1。

表 6-1-1　ICF 儿童情绪功能干预短期目标监控表

日期	原始分	损伤程度		
		初始值	目标值	最终值

第二节　社交参与干预短期目标监控

ICF 儿童社交参与干预短期目标监控表主要用于监控儿童社交参与的短期干预效果，康复师可根据儿童训练的内容和阶段选择对应的表格，在日期中填写初次评估和当前短期评估的日期，并在"原始分"一栏中记录社交参与精准评估表的得分，在"损伤程度"栏下分别记录 ICF 功能等级信息。见表 6-2-1。

表 6-2-1　ICF 儿童社交参与干预短期目标监控表

日期	原始分	损伤程度		
		初始值	目标值	最终值

第三节 情绪行为干预效果评价

ICF 儿童情绪功能及社交参与干预评价表都是可视化的表格，具有以下突出特征：

（1）ICF 提供了最新的、综合性的功能、残疾和健康分类模式，其中，"功能"包括了"身体功能和结构""活动和参与"，并且这种功能被认为与健康状况、个人以及环境因素相关联；本章提供的 ICF 儿童情绪功能及社交参与干预评价表都是根据 ICF 分类框架来搜集特殊儿童的基本信息、情绪功能状况以及社交参与情况，并深入分析它们内在的关联性，为康复治疗措施的制定和实施提供科学而全面的理论依据。

（2）ICF 儿童情绪功能及社交参与干预评价表都充分体现了康复医师、PT、OT、ST 等康复团队本身的人员构成特点，能够代表来自各方的观点，提供了客观的评定标准。

（3）康复医师、PT、OT、ST 等康复团队共同制定的康复目标，能发挥团队合力作用，最大限度地提高儿童情绪功能与社交参与的干预效果。ICF 儿童情绪功能及社交参与干预评价表中，由于搜集到有利因素，康复师可以引导家长认识有利的因素，让家长看到儿童更多积极的因素。

对儿童的情绪行为干预结束时，再次使用治疗前所选择的类目及其评估指标，对儿童的功能水平进行描述，在康复治疗完成后，填写干预效果监控表，运用 ICF 理论模式对儿童的情绪功能与社交参与总体干预效果进行评定，并将评估结果转化为限定值填入干预效果评价表中。利用干预效果评价表可量化地监控治疗效果，并为后续治疗提供参考和依据，具体见表 6-3-1。

表 6-3-1 ICF 儿童情绪功能及社交参与干预效果评价表

ICF 类目组合		初期评估						目标值	中期评估（康复4周）							目标达成	末期评估（康复8周）							目标达成
		ICF 限定值							干预	ICF 限定值							干预	ICF 限定值					
			问题								问题								问题				
		0	1	2	3	4				0	1	2	3	4				0	1	2	3	4	
b1520	情绪的适度性	情绪推理																					
		情绪表达																					
b1521	情绪调节	情绪调节																					
b1522	情绪范围	情绪表现																					
d7601	子女—父母关系	亲子关系																					
d7504	与同伴的非正式关系	同伴关系																					
d7400	与权威人士社会关系	师生关系																					

主要参考文献

REFERENCES

[1] 杜晓新，黄昭鸣. 教育康复学导论 [M]. 北京：北京大学出版社，2018.

[2] 孟昭兰. 情绪心理学 [M]. 北京：北京大学出版社，2005.

[3] 雷江华. 学前特殊儿童教育 [M]. 武汉：华中师范大学出版社，2008.

[4] [美] 里夫，[美] 麦克伊钦. 孤独症儿童行为管理策略及行为治疗课程 [M]. 北京：华夏出版社，2008.

[5] 贾丽萍. 情绪与行为 [M]. 青岛：中国海洋大学出版社，2019.

[6] 唐健. 情绪行为异常儿童教育 [M]. 天津：天津教育出版社，2007.

[7] 施显烇. 情绪与行为问题——儿童与青少年所面临与呈现的挑战 [M]. 台北：五南图书出版股份有限公司，1998.

[8] 汤盛钦. 特殊儿童康复与训练 [M]. 大连：辽宁师范大学出版社，2002.

[9] 王丹. 青少年情绪—行为问题、家庭功能、认知性情绪调节策略及其关系研究 [D]. 上海：华东师范大学，2011.

[10] 贾美香，白雅君. 情绪和行为管理训练实务 [M]. 沈阳：辽宁科学技术出版社，2018.

[11] 北京市朝阳区培智教育课程编写组. 学前儿童教育训练·情绪与行为 [M]. 北京：中国轻工业出版社，2012.

[12] 王辉. 特殊儿童行为管理 [M]. 南京：南京师范大学出版社，2015.

[13] 何侃. 特殊儿童心理治疗 [M]. 南京：南京师范大学出版社，2015.

[14] 张文京. 特殊儿童早期干预理论与实践 [M]. 重庆：重庆出版社，2010.